서울대학교 관악초청강연

윤석철

문학에서 경영을 배우다

윤석철

문학에서 경영을 배우다

서울대학교출판문화원

● 대화의 장을 열며

대학을 졸업하고 수십 년이 지난 지금 돌이켜 보니 세상이 조금씩 좋아지고 있다는 걸 느끼긴 하겠는데 우리가 원하는 만큼 그렇게 빨리 좋아지는 것 같지는 않습니다. 처음엔 눈앞에 보이는 저 봉우리만 올라가면 될 줄 알았는데 가보니 그 너머에 더 큰 봉우리가 있더군요. 삶의 길도 그렇고 역사도 그렇다고 생각합니다. 작은 산봉우리에 올라서기만 해도 세상이 발 아래로 보이고 더 높은 봉우리로 가는 길이 너무나 뚜렷이 보이는데 막상 가보면 낭떠러지가 길을 막고 숲이 길을 잃게 합니다.

"공부는 잘하는데……"라는 오해 아닌 오해를 받고 있는 우리 학생들이 학교라는 작은 봉우리에서 좀 더 넓은 세상으로 가는 길을 만나게 하려, 학교의 지식이 아닌 삶의 지혜를 얻을 수 있도록 마련한 〈관악초청강연〉이 어언 50회를 바라보게 되었습니다. 여기서 우리는 많은 분들과 만나고 많은 걸 배웠습니다. 많은 교수님들이 관악초청강연을 꾸려나가기 위한 위원회에 참석하시어 좋은 의견과 더불어 우리 학생들이 꼭 만나야 할 좋은 분들을 추천해 주셨기에 가능한 일이었습니다. 여기 오신 모든 분들은 삶의 길을 스스로 열어나갔을 뿐 아니라 우리가 함께 가야할 길을 보여주신 분들이었습니다. 이분들이 새로운 길을 열고자 하면서 겪은 성공과 좌절, 열정과 노력은 교실에서는 접하기 어려운 생생한 체험으로 다가왔고 참여한 학생뿐 아니라 교수들에게도 깊은 감동을 주었습니다. 한차례의 강연으로 흘려버리기엔 이 감동이 너무 아까워 책으로 내기로 했고 이미 여러 권이 출간되었습니다.

출판을 시작할 때 이미 많이 알려진 이야기이고 이미 책으로 출간된 경우도 있는데 굳이 서울대에서 또 출판할 필요가 있겠느냐는 지적도 있었습니다. 사실 강연 그 자체만 놓고 보면 그렇습니다. 그렇지만 강연회엔 강연만 있는 게 아니었습니다. 대화가 있었습니다. 사회자의 소개에서부터 강연, 그 뒤로 패널에 참여하신 교수님들의 질의와 보충설명, 강연회에 참여한 학생들의 진지한 반응이 거의 두 시간에 걸쳐 이어졌습니다. 이 생생한 대화의 장을 그냥 흘려버리기에는 너무 아까웠습니다. 사실 강연을 해 주신 분인들 어디서 이렇게 좋은 패널과 진지한 청중을 만나 진솔하게 대화를 나눌 기회가 있었겠습니까. 이 책을 출간하면서 이 시대를 살아가는 젊은이들에게 정말 보여주고 싶은 건 바로 이 대화의 모습이었습니다. 이 대화의 장을 통해 길이 너무 많아 길을 찾기 어려운 이 시대의 젊은이들이 자신과 이웃의 삶에 대해 세상과 역사에 대해 다시 한 번 생각할 기회를 갖게 되기를 바랄 뿐입니다.

끝으로 이 책이 나오도록 애써주신 여러분께 감사의 말씀을 드려야겠습니다. 먼저 관악초청강연 위원회의 위원장을 맡아 좋은 강연회를 기획해 주신 곽수근 선생님을 비롯한 위원 선생님 여러분, 패널에 참여하여 진지하게 토론해 주신 참여 교수님들께 감사드립니다. 그리고 아무리 좋은 강연이라도 강연과 토론을 책으로 만드는 일은 대단히 귀찮고 어려운 일입니다. 더구나 생생한 대화의 현장감을 살리기란 아주 어렵습니다. 이 모든 일을 도맡아 꼼꼼하게 살펴주신 백미숙 선생님과 출판을 맡아주신 서울대학교출판문화원 여러분께도 감사드립니다.

허남진
서울대학교 기초교육원장

● 강연자 머리말

지식은 쉽고 지혜는 어렵다

플루타크Plutarch, c. 45~120 AD 영웅전에 다음과 같은 이야기가 나온다.

알렉산더Alexander, 356~323 BC 장군의 페르시아 원정 때 사막 한가운데서 모두 갈증으로 목이 타 있었다. 이때 장군의 휘하 참모 한 사람이 멀리 오아시스를 찾아가 물을 구해 왔다. 알렉산더가 물을 받아 마시려 하자 주위에 도열해 있던 장병들이 모두 부러운 눈으로 장군을 바라보게 되었다. 그러자 알렉산더는 마시려던 물을 그냥 땅에 쏟아 버리며 "나 혼자 물을 마실 수 없다. 더 진군하여 오아시스가 나오면 모두 같이 물을 마시자." 하며 진군을 독려했다. 리더십은 이처럼 자기희생적 지혜를 필요로 한다. 그래서 리더십은 지식이라기보다는 지혜라고 봐야 할 것 같다. 여기서 질문이 하나 떠오른다. 당시 20대 후반의 젊은 알렉산더가 어떻게 이런 지혜를 터득했을까?

지식은 자연에 관한 것이고 지혜는 인생에 관한 것이다. 중력gravitation의 법칙은 지식의 한 예이고, 이런 지식은 강의 혹은 독서를 통해서 얻을 수 있다. 그러나 지혜의 세계는 그렇게 쉽지 않다. 예를 들면, 사람이 결혼하여 부부간에 행복한 가정을 이루는 일은 지식으로 되지 않는다. 그것은 인간에 대한 깊은 성찰과 스스로 노력하여 터득한 지혜를 필요로 한다. 그래서 지식을 얻기보다 지혜를 터득하는 것이 더 어렵다고 할 수 있다.

영국의 문호 테니슨 경Lord Tennyson은 만년에 이르러 자기 서재 앞에 우람하게 서 있는 참나무oak 한 그루에서 영감을 받아 인간 삶의 지혜를 〈The Oak〉라는 시로 엮었다. 이 시에서 그는 'sober'와 'naked strength'라는 표현을 쓰고 있다. 'sober'는 무엇에 취해 있던 상태에서 '깨어난다'는 뜻의 형용사이고, 'naked strength'는 '옷 벗은 후의 힘'이라고 번역될 수 있다.

필자는 중학교 시절 테니슨 경의 시를 읽고 그것을 외울 수는 있어도 'sober'와 'naked strength'의 뜻을 이해할 수는 없었다. 그러다가 미국에서 Ph.D. 학위를 마치고 귀국하여 서울대 교수가 되면서 'sober'의 뜻을 이해하는 계기를 잡았다. 1970년대 초의 한국에는 미국 박사학위가 희소했다. 그래서 청와대 같은 정치권에서 유혹도 있었다. 그동안 공부하느라고 고생 많이 했으니 이제 술도 좀 하고 삶을 즐기라는 권유도 많았다. 여기서 필자는 혼란 속에 빠졌다. "나는 학문의 정상頂上에 올라 있나?" 하는 질문이 그것이었다. 아무리 생각해도 당시 필자가 가진 지식은 극히 제한된 것이었다. 'Ph.D.는 학문의 정상이라는 환상에서 깨어나야sober 한다'는 것이 당시 자기성찰에서 오는 필자의 결론이었다. 그래서 학교 연구실에서 두문불출하며 공부만 하는 생활을 계속했다. 세월이 흐르면서 이런 생활이 습관이 되었고, 습관이 운명을 만들어냈다.

세월이 깨달음을 가져다 주는 것 같다. 'naked strength'의 뜻을 모르고 인생 후반기에 접어들다가 한국의 대통령들이 대통령의 '옷'을 벗으면 감옥에 가는 사건이 두 번이나 연속 일어났다. 반면에 프랑스의 드골 대통령 같은 분은 '옷'을 벗은 후

오히려 국민의 존경이 더욱 상승하는 역사도 만들었다. 필자도 대학교수의 '옷'을 입고 있는 동안에는 제자들의 방문을 많이 받고 있었다. 그러나 정년퇴임을 한 후에도 제자들이 옛 스승을 찾아 줄 것인가? 세상에는 배신背信이라는 달이 있다. 물론 배신은 나쁘다. 그러나 배신 당한 사람에게도 책임은 있다. 떠나가는 사람을 붙잡을 만한 인간적 매력attraction을 기르지 못한 것은 배신당한 사람의 책임 아닌가? 링컨 대통령은 남북전쟁 때 게티스버그 전쟁터를 전몰장병 묘지로 봉헌하는 행사에서 "국민에 의한, 국민을 위한, 국민의 정부는 영원할 것"이라는 연설을 했다. 이 연설은 '게티스버그 행사용'이라는 '옷'을 벗은 후에도 오늘까지 위대한 교훈으로 교과서에 오르고 있다. 인간의 삶에서 가장 위대한 힘은 'naked strength'인지도 모른다.

젊음을 살아가는 제자와 후배들에게 오늘의 자기 삶을 성찰하는 'sober'와 내일의 삶을 준비하기 위한 'naked strength'의 배양—이 두 가지를 일생 지니고 살라고 권하고 싶다.

2010년 11월 5일 윤석철

차례

제1부 : 강연　　　　　　　　　13

제2부 : 패널 질문과 토론　　　55

제3부 : 보면서 읽다　　　　　113

제1부 : 강연

광활한 우주 속의 인간의 의미
가을, Sober - '고위험 고수익'의 유혹으로부터 '소버'하기
행운에 대한 기대로부터 '소버'하기
근거 없는 믿음게서 '소버'하기
인생 경영에서 '소버'하기
겨울, Naked Strength - 인간의 네이키드 스트렝스
네이키드 스트렝스의 본질은 자기 희생
작품과 제품의 네이키드 스트렝스

●사회자 여정성 교수 (서울대 소비자아동학부) : 〈관악초청강연〉 운영위원회의 운영위원으로 일하는 소비자학과의 여정성입니다. 오늘은 특별히 서울대학교의 명예교수이자 한양대학교의 석좌교수로 계시는 윤석철 교수님을 모셨습니다. 너므나 유명하신 분이시지만, 잠깐 소개 말씀을 드리고 강연을 시작하겠습니다.

〈관악초청강연〉은 서울대학교 학생과 학내 구성원들에게 사회적 흐름이 대한 다양한 시각을 배울 수 있는 기회를 제공하자는 취지에서 마련이 되었습니다. 지난달에는 에스엠 SM 기획의 이수만 회장을 모셨고, 그 전달에는 유진벨 재단의 스테판 린튼 회장을 모셨습니다. 이수만 회장님은 우리나라 엔터테인던트 산업을 이끌어 가시는 분이고, 인세반이라는 한글 성함을 쓰시는 스테판 린튼 회장님은 북한의 결핵퇴치 운동을 하신 분이십니다. 오늘 모신 윤석철 선생님은 '과학과 기술의 경영학'이라는 말씀으로 '한국의 피터 드러커'라는 말을 들으시는 분입니다. 저희가 강의를 부탁드렸더니 '문학에서 경영을 배우다'라는 제목의 원고를 주셨습니다. 선생님께서 최근에 특별히 고민하시는 부분과 후학들에게 들려주시고 싶은 내용을 함께 준비해 주신 것 같습니다.

이 자리에 윤석철 선생님을 모시면서 세 분의 패널을 함께 모셨습니다. 선생님 말씀이 끝난 후에 이 세 분을 앞으로 모실 예정입니다. 세 분의 패널은 다양한 분야에서 활동하고 계시지만, 모두 선생님의 후배라는 공통점을 가지고 계십니다. 윤석철 선생님께서는 서울대에 독문과로 입학을 하셨다가 그 다음해 물리학과로 전과하셨습니다. 물리학과를 졸업하신 다음에는, 미국으로 건너가 펜실베이니아 대학에서 전기공학으로 석사를 하시고, 같은 대학에서 다시 경영학으로 박사학위를 받으셨습니다. 그래서 물리학과 후배이신 오세정 교수님, 독문과 후배이신 강창우 교수님, 그리고 경영대학의 후배이자 제자이며 동료이셨던 박상우 교수님, 이 세 분을 모셨습니다. 선생님의 다양한 이력에 녹아 있는 많은 말씀을 들을 수 있는 아주 소중한 기회가 될 것으로 생각합니다.

오늘 이 프로그램은 먼저 한 시간 동안 선생님의 말씀을 듣고, 그 다음에 패널을 앞으로 모셔서 15분 정도씩 말씀을 들은 후에, 이에 대해서 윤 선생님께서 답해 주실 예정입니다. 남은 한 시간은 플로어에 있는 분들과 자유롭게 여러 가지 이야기를 나누는 시간을 갖도록 하겠습니다. 그럼 윤석철 교수님을 모시겠습니다.

(청중 박수)

광활한 우주 속의 인간의 의미

●연사 윤석철 교수 : 우리 태양계가 속해 있는 은하계가 있습니다. 이것을 '우리 은하계'라고 하는데, 천억 개의 별로 구성되어 있다고 합니다. 우주에는 우리 은하계 같은 은하계가 또 천억 개가 있다고 합니다. 그러니 천억에 천억을 다시 곱하면 10의 22승 개(100억 × 1000억 = 10^{22})의 별들이 우주에 있습니다. 이 가운데 하나가 바로 지구입니다. 지금까지 인간은 지구 이외의 별이 생명체가 있는지를 밝히기 위해서 대단히 노력해 왔는데, 아직까지는 지구에만 생명체가 있는 것으로 알려져 있습니다. 10의 22승분의 1의 확률은 실질적으로 제로입니다. 그러므로 오늘날 우리가 이렇게 존재하고 있다는 것은 실현불가능한 일, 즉 0과 같은 확률이 실현된 경우입니다. 여기서, 우리는 '인간은 무엇인가?', '인간이 이렇게도 의미 있는 존재인가?' 하는 상당히 심각한 질문을 하게 됩니다. 인간에게 부과된 무거운 존재의 의미는 우리로 하여금 '태어났으니까 그럭저럭 살자'가 아니라, '무엇인가를 생각하며 느끼며 더 나은 방향으로 가기 위해 노력하며 살자' 하고 생각하게 만들고, '어떻게 인생을 어떻게 살아야 하나?' 하는 고민을 던져줍니다.

저는 문학책을 읽으면서 이러한 고민의 해답을 찾기 위해 노력해 왔습니다. 독문학과는 일 년밖에 안 다녔지만 전과를 해서도 문학 관련 수업을 많이 들었습니다. 위대

한 문호들은 인간 탐구의 대가들입니다. 셰익스피어는 인간 삶의 비극이 어떻게 시작하고 진행되며 어떻게 결말을 맺는지를 탐구한 대가이고, 톨스토이는 1850년대 크림 전쟁•1에서 무수히 죽어가는 사람을 보면서, '인간이 무엇인가? 이렇게 죽어가도 되나? 인간이 가야 할 길은 무엇인가?'를 고민하며 인도주의를 탐구한 대가입니다. 우리가 오늘 공부할 문호는 영국의 계관시인 Poet Laureate 알프레드 테니슨 경 Alfred Lord Tennyson입니다. 계관시인이란 고대 그리스에서 명예의 상징으로 머리에 월계관을 씌워주던 전통에서 기원한 제도로서 17세기 영국에서 당대의 훌륭한 시인 한 사람을 선정하여 그에게 연봉을 주며 궁정의 의식에 시를 지어 올리게 한 직책을 가리킵니다. 테니슨 경은 자신의 저택 앞에 서있는 큰 오크 Oak 나무 한 그루를 통해 인생을 읊었습니다. 그는 이 나무의 모습을 보면서 '인생이 오크의 사계절과 같다.'는 생각을 했습니다. 우리나라에서 오크는 '참나무'로 번역되지만 이 나무는 우리나라 참나무보다 더 크고 모습도 많이 다르기 때문에 이 강의에서는 그냥 오크로 부르겠습니다. 오크는 서구의 문화와 전통 속에서 가장 많은 사랑을 받는 나무 가운데 하나입니다. 오크는 튼튼하고 무늬가 아름다워서 가옥의 실내장식과 가구 제작 등에 많이 사용되어 왔고, 향이 좋아 고급 술통을 만드는 재료로도 사랑받아 왔습니다. 이런 서양의 문화적 배경 속에서 테니슨이 오크를 인생에 비유한 것을 이해해야 합니다.

테니슨은 인생을 달관한 경지에 이른 82세 나이에 이 시를 쓰면서, 우리 독자들에게 인생을 오크처럼 살라고 당부하고 있습니다. 오크의 신록이 피어나는 봄철을 인생의 청소년기에, 그리고 녹음이 우거지는 여름을 인생의 장년기에 비유하면서, 봄철에는 찬란하게(bright in spring), 그리고 여름철엔 넉넉하게(summer-rich) 살기를 권하고 있습니다. 그러다가 인생의 가을이 오면 가을답게 변하여 취기에서 깨어나는(sober) 황금빛으로 돌아오라고 가르치고 있습니다. 이어서 테니슨은 낙엽이 지는 겨울을 인생의 노년기에 대비시키면서, '적나라한 힘(naked strength)'이라는 철학적 어휘를 사용하여 '오크Oak'를 예찬합니다. 이 시의 전문을 적어보겠습니다.

The Oak by Alfred Lord Tennyson

Live thy life　　　　　　그대들 인생을
Young and old!　　　　　젊어서나 늙어서나
Like yon oak,　　　　　 저 참나무처럼 살아가라
Bright in spring,　　　　 봄철에는 영롱하게
Living gold.　　　　　　생동하는 금처럼.
Summer-rich,　　　　　 여름철엔 풍성하게
Then, and then,　　　　　그리고 가을이 되면
Autumn-changed,　　　　가을답게 변하여
Sober-hued　　　　　　 취기醉氣에서 깨어난
Gold again　　　　　　　해맑은 금이 되라.

All his leaves　　　　　　그의 모든 잎은
Fallen at length.　　　　 드디어 낙엽으로 지지만,
Look, he stands,　　　　 보라! 늠름히 서있는
Trunk and bough,　　　　등치와 가지,
Naked strength　　　　　적나라赤裸裸한 힘을

테니슨은 오크의 사계를 인생에 비유했는데, 인생을 20년씩 4등분하여 Oak(자연)의 4계절에 대응시키면, 오크 나무의 봄은 인생의 0~20세, 여름은 인생의 20~40세, 가을은 인생의 40~60세, 겨울은 인생의 60세 이후에 해당한다.

저는 중학교 시절 1955년에 영어 교과서에서 이 시를 처음 접했습니다. 그때는 학교에서 배우는 시뿐만 아니라 교과서를 외우게 하는 것이 문화였습니다. 이 시를 외우는데 두 단어에서 막혔습니다. "봄철에는 생동하는 오크처럼 영롱하게, 여름에는 풍성하게 살아라." 하는 부분까지는 문제가 없었는데, 가을에서 '소버 Sober'라는 단어와, 겨울에서 모든 잎이 떨어진 후 우람한 둥치의 '적나라한 힘 Naked strength'이라는 두 단어가 이해가 안 되었어요. 그때는 영어사전이 굉장히 얇았는데, 그 사전에는 'Sober'의 뜻으로 '취기에서 깨어난'이라는 의미밖에 나와 있지 않았습니다. 그래서 선생님께 여쭈어 봤더니, 선생님께서 "큰 사전이 아직 안 나왔는데, 나중에 큰 사전이 나오면 찾아봐라." 하셨어요. 상당히 현명한 대답이었다고 생각합니다. (청중 웃음) 실은 아직까지도 이 시를 완벽하게 이해하지 못합니다.

이후 지금까지 50년이 넘게 이 시를 사유하며 탐구해 오고 있는 한 독자로서, 저는 이 시를 통해 인생의 지혜를 배우고 있으며, 더 나아가 저의 전공 분야인 경영학적 진리를 터득하고 있습니다. 인생도 기업도 모두 경영의 대상 세계이기 때문입니다. 이 강의에서는 제가 어린 시절에는 이해하기 어려웠던, 그래서 아직도 탐구하고 있는 테니슨의 시어 詩語, '소버'와 '네이키드 스트렝스'에 관해 논의하겠습니다. '소버'의 원뜻은 술에 취해 있던 사람이 깨어난 상태를 의미합니다만, 인간은 술뿐만 아니라 유혹이나, 환상, 착각 등에 홀리기 쉬운 존재이므로 이런 것에 취해 있던 상태에서 깨어나 제 정신을 회복한 상태를 '소버'의 의미로 보겠습니다. '네이키드 스트렝스'는 오크의 나뭇잎이 모두 떨어진 후, 즉 '옷'을 벗은 후에도 꿋꿋하게 남아 있는 힘을 뜻합니다. 그러면 먼저 '소버'에 관한 논의부터 시작합시다.

가을, Sober – '고위험 고수익'의 유혹으로부터 '소버' 하기

2007년에 시작해서 아직도 전 세계를 강타하고 있는 오늘의 경제위기는 처음에 금융위기로 시작되었습니다. 이 금융위기는 고위험, 고수익high-risk, high-return이라는 경제적 탐욕에 빠져서 제정신을 상실한, 즉 '소버'하지 못한 투자은행 분야 금융업자들의 부도덕성에서 기인했다는 것이 경제·경영 분야 전문가들의 공통된 견해입니다. 월남전을 다룬 영화인 〈디어 헌터〉를 보면 러시안 룰렛을 하는 장면이 나옵니다. •2 러시안 룰렛은 총알 하나를 장전한 권총을 가지고 하는 갬블링입니다. 생각해보면 머리털 하나 안 다치고 판에 걸린 돈을 다 가질 수 있는 확률이 6분의 5나 됩니다. 하지만 6분의 1의 실패 확률에 걸릴 경우 목숨을 잃게 됩니다. 우리나라에서도 3천만 원을 통틀어 복권을 산 사람이 있었습니다. 그 사람은 '3천만 원어치나 복권을 사니까 당첨이 되겠지.' 생각했지만, 결국 복권 당첨이 안 되어서 자살을 했습니다. 이런 것들로부터 우리는 '소버'해야 한다고 생각합니다.

투자금융회사들이 추구한 '고위험 고수익' 전략의 위험성을 이해하려면 '머피의 법칙Murphy's Law'을 공부해야 합니다. 제가 머피의 법칙을 처음 접한 것은 미국 유학시절에서였습니다.

이번 강좌를 부탁받으면서, 학생들에게 인생의 선배가 어떻게 살았는지를 이야기해 달라는 요청을 받아서, 제가 다양한 전공을 가지게 된 경위를 사족으로 잠깐 이야기하겠습니다. 저는 경제적으로 어려웠던 시대에 살았습니다. 제가 고등학교를 졸업한 것이 1958년인데, 당시 우리나라 일인당 국민소득이 60~70달러로, 세계에서 가장 못사는 나라 가운데 하나였습니다. 70명 정도가 한 반이었는데, 점심시간에 70명 중에 도시락을 먹는 학생이 20명밖에 안 되고 나머지 50여 명은 수돗가에 가서 자꾸 물만 마시던 시절이었어요. 그런데 신문을 보니까 2차 세계대전 이후 폭삭 망했던 독일이 '라인강의 기적'이라고 일컬어지는 경제 성장을 통해 유럽 최고의 경제대국을 건설했다는 것입니다. 독일은 우리나라와 인구도 비슷하고 해서, '우리가 본받아야 할 곳은 독일이다.' '우리도 한강의 기적을 만들어보자.' 하는 생각을 했습니다. 독일을 탐구하려면 우선 독일어를 배워야겠다는 생각에 독어독문과에 입학했습니다. (청중 웃음) 독어독문과를 와보니까 당시 정원 스무 명 가운데 대부분이 저와 같은 뜻에서 독문과에 와 있었

〈파이낸셜뉴스〉 2009년 6월 22일자 (41면)

지난 2007년 서브프라임 사태 이후 세계적인 투자은행들이 연이어 파산하였다.

습니다. 요새는 '출세를 하기 위해서', 즉 '돈을 잘 벌기 위해서' 전공을 정하지만, 그때는 '나라를 살리기 위해서' 전공을 정했어요. 참 기특했죠. 그런데 문제는 독문과에 와서 열심히 공부를 하다보니까 독일어를 한다고 해서 우리나라가 잘 될 것 같지가 않은 거예요. (청중 웃음) 저는 대전고등학교를 나왔는데, 대전은 아무래도 촌이니까—그때는 고속도로도 없던 때여서 정보가 없었지요. 그래서 독문과에 진학하면 '라인강의 기적'처럼 '한강의 기적'을 만들 수 있다고 생각했는데 그렇게 해서는 안 되겠다는 것을 깨달은 거죠. '그럼 무엇을 해야 하나?' 하는 고민을 하고 있는데, 선배 한 명이 "야! 미국이 지금처럼 잘 나가는 이유가 뭐야? 일본에 원자탄을 던져서잖아. 원자탄이 뭐야? 물리학과에서 나왔잖아. 물리과에 가!"해서 물리과를 갔어요. (청중 웃음) 저는 초등학교 일학년 때부터 공부벌레였어요. 공부를 하니까 성적은 좋아요. 물리과를 졸업할 때 선배들이 내 성적표를 보더니 "이거면 전장학금을 받을 수 있다."고 해서, 물리학과 성적표를 낼 수 있는 학과 가운데 전기공학과를 선택해서 유학을 갔습니다. 미국에서 전기공학과 가서 강의를 듣는데, '머피의 법칙'이라는 말이 자꾸 나왔어요. 대부분의 물리학 법칙은 수학 방정식으로 깔끔하게 정리가 되는데, 머피의 법칙은 수학 공식도 하나 없었고 아무리 외워도 이해를 할 수가 없었어요. 솔직히 머피의 법칙을 끝까지 이해 못 한 채 대학을 졸업했습니다.

　　이 법칙을 이해하게 된 것은 한참의 시간이 흐른 뒤였습니다. '머피의 법칙'이란 엔지니어들이 발견한 경험법칙으로서 "잘못될 수 있는 일은 결국 잘못되고 만다If anything can go wrong, it will."는 평범한 말로 표현됩니다. 예를 들어 설명해 봅시다. 통계적으로 기차들이 탈선사고를 내게 되는 평균 주

● **투자은행** Investment Bank

일반 개인이나 기업고객을 상대로 예금을 받고 대출을 해주어 이익을 얻는 상업은행에 비해, 투자은행은 신규 증권을 발행하여, 장기 자금을 조달하려는 자금 수요자와 자금 공급자인 투자가 사이를 연결하는 중개 기능을 주요 업무로 하는 증권 인수업자를 말한다. 소비자 금융뿐만 아니라 단기 금융시장 업무, 선물 옵션, 파생 금융상품 업무, 투자신탁, 투자자문 업무, 부동산관련 업무, 인수 합병 등을 수행한다. (출처: 『2008신경제용어사전』, 더난출판)

● **라인강의 기적과 한강의 기적**

'한강의 기적'은 대한민국에서 한국전쟁 이후부터 아시아 금융 위기 시기까지 나타난 반세기에 이르는 급격한 경제 성장을 지칭하는 것으로, 특히, 전쟁의 폐허로부터 세계적 경제 중심지로 탈바꿈한 대한민국의 급격한 경제적 성장을 서울 중심부에 흐르는 한강을 통해 상징적으로 일컫는 말이다. 대한민국은 경제적으로 빠르게 성장하여 아시아의 네 마리 용 중 하나로 꼽히게 되었다. '라인강의 기적'은 한국에서 제2차 세계대전 이후 서독의 경제 부흥을 지칭할 때 쓰는 표현으로, 정작 독일에서는 라인강의 기적이라는 용어를 쓰지 않는다. 제2차 세계대전 이후, 독일은 미국의 반공산주의 정책마셜플랜의 원조와 서독 국민들의 전후 복구 노력 등을 통해 경이적인 경제적 성장 60년대 말까지 년 8%의 경제 성장을 이루었다. 독일에서 건축학을 전공한 임혜지 박사는 '라인강의 기적'이라는 표현은 '라인강'이 서독의 경제 성장을 이끈 중추라고 한정 짓기보다는 독일을 상징하는 것으로 이해해야 한다고 말한다.

(출처: 임혜지, 「독일인은 라인강의 기적을 모른다. 왜? 라인강과 독일 경제의 상관관계」 〈인터넷 한겨레〉 (http://www.hani.co.kr/arti/society/society_general/266834.html〉)

행거리가 5,000만 킬로미터라면, 50킬로미터의 해저터널 속에서 탈선사고가 날 확률은 1백만분의 1입니다. 영국과 프랑스 사이 해저를 뚫는 유로터널을 설계할 때 경제적 최적해 optimum solution는 하나의 터널을 뚫고 그 속에 왕복노선을 터널 하나에 까는 것이었습니다. 그러나 터널 속에서 탈선사고가 나서 차량들이 뒤엉키게 되고, 그 순간 건너편 노선으로 기차가 진입한다면 대형 참사가 일어날 수 있습니다. '1백만분의 1'이라는 확률은 아주 작은 것이지만 하루에 (편도 기준) 평균 40회 기차가 운행한다면, 하루 동안에 사고가 날 확률은 1백만분의 40으로 뛰어 오르고, 10년 동안에 이 터널에서 탈선사고가 날 확률은 1백만분의$(1 \times 40 \times 365 \times 10=)$ 146,000까지 상승합니다. 이것을 보면서 머피의 법칙이 왜 중요한지 깨달았어요. 한번 일어날 확률만 생각하면 백만분의 일은 무시할 수 있지만, 세월이 흐를수록 머피의 법칙이 말하는 '잘못될' 확률은 계속 커져서 100%에 접근합니다. 결론적으로 머피의 법칙은 '잘못될 가능성이 있는 일은 장기적long-term 세월의 흐름 속에서 반드시 일어난다.' 하는 것입니다. 머피의 법칙 하나를 이해하는 데 이렇게 오랜 시간이 걸렸습니다. 여기에 위대한 철학자가 등장합니다. "최선의 선택보다 최악의 회피가 더 중요하다."는 칼 포퍼•3의 가르침에 따라 해저터널을 건설할 때는 경제적 최적해를 포기하고 두 개의 터널을 뚫게 됩니다.

미 항공우주국 나사NASA에서도 처음에는 대형사고가 많이 났었는데, 이후 최악의 상황을 피하는 것을 추구하면서 사고 수를 급격히 줄였습니다. 예컨대, 나사는 디스커버리Discovery나 아틀란티스Atlantis 등의 우주왕복선이 임무를 마치고 플로리다Florida 기지로 귀환하려 할 때 기상조건이 썩 만족스럽지 못하면 아예 캘리포니아 에드워드California Edward 공군 기지에 착륙 시킨 후 (1.5억 달러의 추가 코스트를 들여) 보잉 747기의 등에 실어서 플로리다로 가져옵니다. 이것도 최선의 선택보다 최악의 상황을 회피하려는 철학에서입니다. 최악의 상황을 회피하기 위해서는 1억 5천만 달러라는 엄청난 비용이 들지만, 최악의 상황이 발생할 경우 최악의 상황을 회피하기 위해 사용한 비용의 몇십 배의 비용이 들 것이므로, 최선의 선택보다 최악의 회피가 낫다는 판단입니다.

'고위험 고수익'은 머피의 법칙에 따라 반드시 망하는 것입니다. 지금 전 세계적인 경제위기는 금융위기에서 나왔고, 금융위기를 일으킨 이 사람들은 '고위험 고수익'이라는 유혹에 취한 상태에서 '깨어나지sober' 못한 투자금융회사들입니다. 머피의 법칙에 따라 이번 금융위기는 우연이 아닌 필연의 소치입니다. 그 증거로서 '고위험 고수익' 유혹에서 '소버'한 일부 금융회사들은 이번 금융 위기에서 초연할 수 있었습니다. 2009년 1월 23일자 『포춘Fortune』 인터넷판에 의하면 '고위험 고수익' 상품을 취급하지 않은 증권회사 에드워드 존스

Edward Jones는 다른 회사들이 구조 조정을 하던 2008년도에 투자은행 전문직 598명을 신규 채용했고, 세인트 루이스 본사 직원 500명을 더 채용하기 위한 건물을 신축하는 등 건재를 과시했고, 『포춘』지가 선정하는 〈선망 받는 직장〉에서 2위에 올랐습니다.

행운에 대한 기대로부터 '소버'하기

'행운에 대한 기대'도 '소버'해야 할 대상입니다. 행운에 대한 기대 속에서 일생을 방황하며 허비한 전설적 인물의 표본으로 '페르 귄트Peer Gynt'를 떠올려봅시다. 노르웨이 문호 입센 Henrik Ibsen은 그를 모델로 희곡을 썼고, 음악가 그리그Edvard Grieg는 페르 귄트의 부인이 겪는 슬픔을 〈솔베이지의 노래 Solveig's Song〉 속에 담았습니다. 기업경영의 실제 현장에서도, 진지한 시장조사 없이, '행운에 대한 기대' 속에 제품과 서비스를 출시하면 십중팔구 적자를 봅니다. 의미 있는 성공은 장기적 시간 위에서나 가능하지만 행운은 장기적으로 계속 나타나 주지 않습니다. 그래서 큰 업적을 이룩한 분들은 일찍이 '행운에 대한 기대'의 포기를 실천한 사람들입니다. 일본 역사를 보면 1560년 오케하자마桶狹間 전투의 승패가 결정되자, 도쿠가와 이에야스德川家康·4는 자기 세력을 구축하기 위한 의지의 표명을 '행운에 대한 기대의 포기' 선언으로 시작했습니다. 포기하는 것이 여러 개가 나옵니다. '가족에 대한 애착

❝

어떠한 전략/의사결정 속에도 '잘못될 가능성'이
숨어 있고, 그것이 위기를 유발할 확률이
단기적으로는 작아 보일지라도, 장기적으로 세월이
흐르면서 그 확률은 독립사상 가산^{addition} 법칙에
의해 세월과 더불어 성장합니다. 따라서
머피 법칙은 장기적 관점에서 진리가 되고, '잘못될
가능성'은 결국 '위기'로 나타납니다. 그러므로
최선의 선택보다 최악의 회피가 중요합니다.

❞

> ● 〈페르 퀸트〉와 솔베이지의 노래
>
> 〈페르 퀸트〉는 근대 사실주의 희극의 창시자로 평가받는 헨릭 입센 노르웨이 시인이자 극작가이 자국의 민속설화를 토대로 방랑하는 시인이자 허풍쟁이인 페르 퀸트가 자아를 찾아가는 과정을 그린 작품. '솔베이지의 노래'는 〈페르 퀸트〉의 삽입곡 중 하나로, 노르웨이 출신 작곡가 에드바르트 그리그가 만들었다. 솔베이지는 페르 퀸트가 버리고 떠난 첫사랑이자, 온갖 모험을 마치고 초라하게 귀향한 그를 품에 안고 그 최후를 지켜보는 여인이다. 입센의 주요작품으로는 〈페르 퀸트〉 1867, 〈인형의 집〉1879, 〈유령〉1881 등이 있다. (출처: 〈현대의 그릇으로 담아낸 입센의 '페르 퀸트'〉, 세계일보 2009년 4월 28일자 참조)

을 버려야 한다.' '오카사키 성에 대한 집착도 포기해야 한다.' 그리고 마지막으로 '행운에 대한 기대도 버려야한다.'입니다. '행운에 대한 기대의 포기'는 자기 노력의 강도를 높이려는 의지를 수반했고, 그 결과 그는 270년 지속된 일본의 통치가문을 구축했지요.

    저는 공부벌레입니다. 공부벌레란 시험공부를 할 때 찍어서 공부하지 않는 사람입니다. '이거는 시험에 나오겠지', '이것은 안 나오겠지', '이건 하지 말아야지' 등의 생각은 행운에 대한 기대로부터 나옵니다. 그것을 싹 버렸습니다. (청중 웃음) 행운에 대한 기대를 싹 버리고 모조리 했습니다. (청중 웃음) 그 결과 초등학교, 중학교, 고등학교, 서울대 문리과

대학, 전부 수석으로 졸업했어요. 행운에 대한 기대를 포기한 결과입니다.

근거 없는 믿음에서 '소버' 하기

경영자들이 '소버'해야 할 또다른 대상 중에 다마불사大馬不死라는 근거 없는 믿음이 있습니다. 1990년대까지도 우리나라 대부분의 기업인들은 대마불사를 믿었습니다. 대마는 죽지 않는다. 그래서 기업은 부채를 내가면서 외형을 부풀리는 무조건적 성장전략을 추구했습니다. 여기에 가세하여 역시 대마불사를 믿은 은행들은 대기업을 위한 대출을 계속했고, 그 결과 1997년 IMF 구제금융 위기가 왔습니다. 이때 우리나라 30대 대기업 중 16개가 부도를 냈을 뿐만 아니라 많은 금융기관이 파산하거나 (국민의 세금인) 정부의 공적자금 신세를 졌습니다. 이것이 모두 '대마불사'라는 아무 근거 없는 믿음에서 기인한 것입니다. 근거 없는 믿음은 기술개발 분야에서도 나타납니다. 계속적인 에너지 공급 없이 영원히 돌아가는 '영구 기관'의 환상에서 깨어나지 못한 많은 발명가들이 자신의 일생을 망쳤습니다.

다시 기업경영 이야기로 들어갑시다. 기업이 성공하여 일류기업이 되면 '안즈 의식'에 빠지기 쉬운데, 이것 역시 '소버'의 대상이 됩니다. 흥망은 역사학의 주요한 고제로, 역사학자 토인비는 역사 속 흥망을 좌우하는 변수로서 '도전'과 '응전'을 들었습니다. 흥망은 도전과 응전 여하에 따라 결정된다는 것입니다. 즉, 세월의 흐름 속에 계속 생존을 위협하는 문제는 계속 발생하는데, 이런 환경변화를 '도전'이라고 할 때 여기에 성공적으로 '응전'하는 사람만 살아남고, 응전에 성공하지 못하면 쇠락하는 것입니다.

경영학 관점에서 환경변화는 기업에 대한 '도전'이 됩니다. 예컨대, 자성 테이프magnetic tape로 한 때 일류기업이 되었던 '새한미디어'라는 회사가 있었습니다. 삼성그룹 이병철 회장의 아들이 사주로, 아주 막강한 백그라운드를 기반으로 마그네틱 테이프를 사용하던 시절 이 테이프를 가지고 세계시장의 25%까지 장악했습니다. 그런데 기술이 발전하면서, 기록매체 기술이 마그네틱에서 CDR로, 다시 USB로 바뀌는 시대의 '도전'에 제대로 '응전'하지 못해서 부도를 내고 말았습니다. 또 150년 역사를 자랑하던 아그파 필름AGFA Film도 디지털 시대의 도전에 성공적으로 응전하지 못하고 파산했습니다. 아그파 필름이 매출액과 순이익 기준으로 정상에 올랐던 해가 2001년인데 파산한 해가 2005년이니, 정상과 파산 사이 시차가 불과 4년이었습니다. 우월감과 안주의식에서 'sober' 하지 못하면 곧 도태되고 만다는 것은 무한경쟁시대의 리얼리즘realism입니다. 환경변화 시대의 도전에 적시에 응전하지 못하면 망합니다. 대마불사란 없습니다.

●아놀드 토인비

아놀드 토인비|Arnold Toynbee, 1889~1975는 런던에서 태어나 옥스퍼드에서 고전학을 전공하고, 9개월간 크레타 섬과 아토스 반도를 여행하며 문명의 멸망에 대해 생각하기 시작했다. 그는 문명이 멸망하는 이유와 문명과 역사가 다시 회복될 수 있는 방법을 찾기 위해 노력했다. 제1, 2차 세계대전중에는 영국 외무부의 정치정보국에서 국제문제 사건을 다루는 일을 했으며, 1919년과 1946년 베르사유 평화회담에 중동문제 전문위원으로 참석하기도 했다. 1919년부터 1924년까지 런던대학의 근대 그리스어, 비잔틴, 역사학, 문학 교수로 재직하였고, 그 후 30년간 런던 왕립국제문제연구소 소장으로 복무하며 국제문제에 관한 잡지를 간행했다. 그의 이름을 널리 세상에 알린 것은 『역사의 연구A Study of History』를 통해서였다. 이 책은 총12권(첫 3권은 1934년, 두 번째 3권은 1939년, 세 번째 4권은 1954년, 나머지 2권은 1959년과 1961년에 출판되었다.)으로 이루어진 대작으로 후에 미국인 소머벨에 의해 2권의 갑축판으로 간행되어 베스트셀러가 되었다. 임희완에 따르면, 토인비는 제2차 세계대전의 귀기를 맞아 19세기의 '알기 위한 역사'에서 20세기 '살기 위한 역사'로의 전환기에 걸맞은 역사철학을 정립했다고 평가받는데, 그의 '도전과 응전' 이론이 역사적 위기를 극복하기 위한 토인비의 역사적 방법론으로 볼 수 있다.

(출처: 임희온 (2003) 「토인비의 역사철학: 도전과 응전」, 『20세기의 역사철학자들』, 건국대학교출판부, 126쪽.)

인생 경영에서 '소버'하기

개인의 인생 경영 차원에서도 '소버'는 중요합니다. 박사 학위 Ph.D.란 학생 신분의 종점에 해당하므로 대학원생 실력의 마지막 단계라고 할 수 있습니다. 1970년대까지만 해도 우리나라에는 미국 박사 학위 소지자가 희소했습니다. 저는 미국에서 박사 학위를 마치고 한국에 73년 12월에 나와서 74년 3월 학기부터 당시 서울 상대에 부임했습니다. 73년, 74년에는 미국 박사가 서울대 상과대학에 경제학과에 딱 한 명, 경영학과에 저 딱 한 명 있었습니다. 청와대에서도 오라는 요청을 받을 정도였습니다. 제가 이때 '나는 미국 일류대학 박사다.' '나는 학문의 정상에 있다.'고 자만했다면 오늘 이 강의를 하지 못했을 것입니다. 'Ph.D. 학위 = 학문 정상'이라는 환상에서 '소버'해서, 나이 60을 넘길 때까지 두문불출하며 학문 연마에만 전념한 결과 정년 퇴임 후에도 (정치적 이유가 아닌) 순수 학문적 이유에서 타 대학에 석좌교수로 초빙될 수 있었다고 생각합니다.

오늘날 세계적 명감독 소리를 듣고 있는 히딩크 감독에게서 '소버' 철학을 생각해 봅시다. 2002년 월드컵 때 히딩크 감독은 한국의 국가대표팀 선발에서 이동국 선수를 제외했고, 그 이유를 묻는 기자들 질문에, "나는 선수가 필요하지 스타가 필요한 것이 아니다." 했습니다. 당시 이동국 선수는 소위 '오빠부대 스타'라는 환상 속에 빠져 있었고 히딩크는 이것이 경기장에서 이동국 선수의 선택을 위태롭게 할 수 있다고 생각했기 때문입니다. 당시 이동국 선수가 출전하는 경기에는 손사백 명의 오빠부대들이 따라다녔는데, 히딩크는 이동국 선수가 골을 몰다가 옆 선수에게 패스하는 것이 성공확률이 높음에도 불구하고 오빠부대를 의식하여 무리하게 골을 몰고 가다가 게임을 망칠 수 있다는 것입니다. 국가대표팀에서 제외된 이유를 뼈저리게 반성한 이동국 선수는 그 후 '오빠부대 스타'의 환상에서 '소버'하여 세계적 선수로 성장했습니다.

이와 유사하게, 공자는 『논어論語』 위정편爲政篇 제4절에서 나이 40세가 되면 불혹不惑, 즉 유혹에서 벗어나야 한다고 가르쳤습니다. 테니슨이 말한 인생의 가을이 40세에서 시작된다고 보면 동서양 두 위인의 가르침이 일치하는 셈입니다. '소버'에 관한 이야기를 여기서 끝내고, 이 시의 겨울 연으로 들어가 봅시다.

논어論語 위정爲政 제4절

十有伍而志于學	15세에 배움에 뜻을 두고
三十而立	30세에 자립하고
四十而不惑	40세에 유혹에 빠지지 않고
伍十而知天命	50세에 인간의 한계를 알고

| 六十而耳順 | 60세에 남의 말을 알아듣고 |
| 七十而從心所欲不踰矩 | 70세에 이르러서는 마음대로 해도 법도에 어긋남이 없더라 |

겨울, Naked Strength – 인간의 네이키드 스트렝스

테니슨은 오크가 잎과 열매 등 여름 동안 '입고 있던 옷'을 모두 벗은 후에도 '적나라한 힘'을 지닌다고 예찬했습니다. 중학생 시절에는 '네이키드 스트렝스'를 번역은 할 수 있어도, 그 구체적인 의미를 이해하지는 못했습니다. 제가 이 의미를 이해하는 데 한국의 대통령들이 많이 도와주었습니다. (청중 웃음) 제가 대학생이 되었을 때 4.19 혁명이 일어나고, 이승만 대통령이 하야한 후 하와이로 망명 떠나는 것을 목격했습니다. 강력한 권력을 휘두르던 분이 '대통령 옷'을 벗자마자 제 나라에서 살 수도 없는 신세가 된 것입니다. 여기서 테니슨이 말한 '네이키드 스트렝스'의 의미가 떠오르기 시작했습니다. 우리나라 대통령들은 '옷'을 벗으면 감옥행 아니면 국민들로부터 의혹이나 원성, 그리고 비난의 대상이 되어 왔으니 그분들의 '네이키드 스트렝스'는 제로가 아니라 마이너스라고 해야 할 것 같습니다. 그러나 프랑스의 드골Charles de Gaulle 대통령 케이스를 봅시다. 그분은 대통령직에 있을 때는 국민과의 가치관 차이로 정치적 마찰을 빚었고, 그로 인해 하야해야 했지만 국민의 의혹이나 원성을 살만한 도덕적 과오는 일체 없었습니다. 그래서 드골의 사후 그에 대한 국민의 숭모 열기는 계속 상승하고 있습니다.

　　드골은 자기 조국 프랑스가 이웃나라 독일보다 영토도 더 넓고 인구도 더 많은데도 불구하고 독일과 전쟁만 붙으면 바로 항복하고 마는 프랑스 국력에 화가 나 있었습니다. 그래서 그는 대통령에 당선되자마자 '위대한 프랑스' 건설을 위한 미래지향적 정책을 추구했습니다. 그러나 위대한 미래의 건설을 위한 투자는 오늘의 희생 속에서 가능했고, 프랑스 국민은 불확실한 미래를 위해서 현재 확실한 것을 희생한다는 가치관을 받아들이지 못했습니다. 이런 갈등으로 드골은 하야하여 낙향했지만, 알제리 사태가 터지면서 프랑스는 다시 강력한 리더십을 필요로 했고, 드골은 대통령에 복귀했습니다. 그러나 여전히 미래 지향적인 드골의 정치철학과 현재 지향적인 프랑스 국민의 가치관 사이 갈등으로 드골은 다시 하야하면서 프랑스 국민에 대해 분노를 느낀 것 같습니다. 드골은 유언을 통해 자기 사후 국장을 거부했고, 묘비에 '전직 대통령'이란 구절도 사절했으며, 전직 대통령의 연금도 거부했습니다. 그러나 드골 사후 그에 대한 프랑스 국민의 숭모 열기는 계속 치솟고 있고 오늘날 드골은 프랑스 국민으로부터 가장 존경받는 지도자로서 '네이키드 스트렝스'를 향유하고 있습니다.

● 샤를 드골 Charles de Gaulle, 1890~1970

프랑스의 군인, 저술가, 정치가. 프랑스 제5 공화정을 건설했다. 드골은 민족주의 성향이 강한 로마가톨릭계 중상류 가정의 둘째 아들로 태어났다. 드골 가문은 역대로 역사가와 작가를 배출했으며 드골도 어린 시절 철학과 문학을 부모로부터 교육받았다. 생시르 육군 사관학교를 수료하고 1913년 임관과 동시에 보병연대에 편입했다. 드골은 제1차 세계대전 때 베르됭 전투에 참가하여 부상을 입고 2년 8개월 동안 포로 생활을 하기도 했다. 이후 드골은 소령과 중령으로 근무하면서 독일 내 민간 정부의 군부세력의 갈등을 다룬 1924년 『적의 내분』, 리더십에 관한 『칼날』1932, 국사이론서인 『미래의 군대』1932 등 책을 저술하였다. 1940년 샤를 드골이 육군 기갑연대장 시절에 독일이 프랑스를 침공하였다. 이 전쟁에서 세운 공으로 드골은 제4기갑사단장, 준장으로 진급1940년 5월하고 곧이어 프랑스 국방차관으로 취임1940년 6월하게 된다. 프랑스군이 항복하자 드골은 영국으로 망명하여 '자유프랑스'를 조직하고 런던에서 동포를 향해 라디오 방송을 내보내고 대독일 항전을 계속하자고 호소하였다. 이러한 활동들은 프랑스 내에서 드골의 지도력을 점차 부각시켜갔다. 1943년 드골은 자유프랑스위원회를 알제리로 옮겨 '프랑스국민해방위원회'로 개편하고 앙리 지로 장군과 함께 공동위원장에 취임했다. 후에 지로를 몰아낸 것은 드골의 정치조작능력을 보여주는 실례로 꼽힌다. 1944년 9월 드골은 알제리로부터 파리로 개선하였다. 그 뒤 2차례 임시정부를 이끌었던 그는 1946년 사임한다. 이후 드골은 1958년까지 제4 공화정과 대립하였다. 드골이 1947년 창설한 '프랑스국민연합'은 1951년 총선에서 120석을 차지하는데 성공할 정도로 유력한 정당이 되었지만, '프랑스국민연합'에 불만을 갖게 된 드골은 1953년 결별을 선언한다.

드골이 정계에 다시 복귀한 것은 1958년 알제리에서의 반란으로 프랑스가 너란 직전의 상태에 이르렀을 때였다. 프랑스는 1954년 5월 디에비엔푸 전투에서 치욕적인 패배로 전쟁을 포기하면서 인도차이나에서 전면적으로 철수하였고, 그해 11월부터는 알제리 민족해방전선과 전쟁 시작, 1958년에 이르러서는 국가 재정이 극도로 열악해진 상태였다. 이 상황에서 드골은 1958년 12월 공화국대통령으로 당선되었다. 그는 1959년부터 1960년까지 아프리카 12개 식민지를 해방시켰고, 1962년 알제리를 독립시켰다. 이후 드골은 국민의 후원 속에서 '위대한 프랑스'의 재건을 위한 주요정책을 수행해 나갔다. 군사작전을 방불케 하는 그의 정치적 투쟁은 전쟁으로 약화된 프랑스를 세계 열강의 취치로 끌어올리고 자신의 계획에 대한 국내적 반발을 극복하기 위해 모든 수단이 동원되었다. 이러한 드골의 책략은 "이기주의, 오만, 낮담, 교활"이라는 비판을 받기도 했다. 이후 65년 12월 대통령 재선에 성공한다. 1969년 국민투표에서 패배한 후 은퇴하여 회고록의 완성에 힘쓰다가 심장마비로 사망했다.

(참고: '드골', 『한국브리태니카 세계대백과사전』 5권, pp.386~388과 정한용 (2005), 《21세기의 힘 탁월한 리더십 드골》, 글로리아.)

국장을 거부한 드골의 관을 나르는 군 트럭

네이키드 스트렝스의 본질은 자기 희생

그러면 네이키드 스트렝스의 본질은 무엇일까요? '스트렝스 strength'는 '힘'을 뜻하는데, 인간을 움직일 수 있는 힘에는 여러 가지가 있습니다. 총칼의 힘(군사력), 돈의 힘(경제력), 아름다움(사람의 마음을 끄는 힘) 등이 모두 힘입니다. '네이키드 스트렝스'라면 총칼, 돈 같은 물질적인 것을 다 벗은 후에도 남아 있는 힘이므로 아름다움 즉 미美의 힘을 뜻할 것입니다.

    서양에서의 미의 의미를 먼저 살펴보면, 2,600년 전 그리스 사람들은 '미'의 본질이 비례ratio 속에 있다고 믿었고, 그래서 '황금분할'이라는 개념까지 만들어냈습니다. '황금분할'이란 긴 변의 길이와 짧은 변의 길이가 1대 1.618 정도로 분할된 상태를 말합니다. 미의 상징인 밀로의 비너스도 그리스의 식민지에서 선발된 600명 미인의 허리, 키 등 신체 각 부분을 측정하여 얻은 산술평균을 바탕으로 만든 것입니다. 반면에, 동양의 미 개념은 조금 다릅니다. 그리스 사람들이 생각한 아름다움을 '외면적 미'라고 부른다면, 동양의 한자 문화권에서는 내면적 미를 생각한 것 같습니다. 우리 때는 한문을 배웠는데, 노인 선생님이 회초리를 가지고 막 때리며 가르쳤습니다. 참 교육이 아름다운 시절이었어요. (청중 웃음) 옥편에서 '아름다울 미'자를 찾으려면, 부수인 '양羊' 자로 들어가야 합니다. '美' 글자는 '羊+大'로 구성되어 있습니다. '양'은 거룩한 제사에 바치는 희생의 제물이었습니다. 즉 아름다움은 '자기희생'의 크기에 비례한다는 생각이 '美' 자에 상징화된 것 같습니다. 인간의 도덕성에 자기희생이 녹아 있는 삶의 자세, 이것이 '네이키드 스트렝스'가 된 것 같습니다.

인간은 로빈슨 크루소처럼 혼자 살 수 없기 때문에 공동체를 만들어 그 속에서 살아갑니다. 가정, 직장, 국가 같은 조직이 모두 공동체입니다. 공동체가 망하면서 그 구성원이 행복해질 수 없다는 것은 인간의 공통된 경험입니다. 가정이나 직장, 국가 같은 공동체의 성장과 발전을 위해서는 구성원들의 자기희생적 노력이 필요합니다. 동양의 철학과 사상에서는 이런 자기희생羊적 노력의 크기大가

밀로의 비너스 - 황금분할

"美자는 羊부에서 大로 가야 나온다."

아름다움美의 본질을 결정한다고 생각한 것 같습니다. 가정에서 가족 사이의 사랑도 그 아름다움의 크기는 사랑 속에 녹아 있는 자기희생의 크기에 비례할 것입니다. 자기희생적 삶의 자세가 인격, 도덕성, 가치관 등으로 구현되면서 이러한 내면적 변수들이 인간적 매력 즉 '네이키드 스트렝스'를 형성하는 것 같습니다. 우리가 동창회 모임 같은 곳에서 자기희생을 거부하는 사람들을 보게 될 때 그들에게서는 인간적 매력을 못 느끼게 됩니다.

작품과 제품의 네이키드 스트렝스

인간만이 '네이키드 스트렝스'를 가질 수 있는 것은 아니고, 인간이 만든 작품 혹은 기업이 시장에 내놓는 제품과 서비스도 '네이키드 스트렝스'를 가질 수 있습니다. 1863년 미국의 남북전쟁 때 게티스버그 전쟁터를 국립묘지로 봉안하는 행사에서 링컨은 대통령으로서 연설을 했습니다. 유럽에서는 아직도 왕이 절대적 권력을 휘두르던 시절에 링컨은 '국민에 의한, 국민을 위한, 국민의 정부the government of the people, by the people, and for the people'라는 말을 했고, 이 말은 그 행사가 끝난 (즉 행사용 '옷'을 벗은) 후에도 그것이 지닌 '네이키드 스트렝스'로 인해 오늘날까지 전 세계 교과서에 실리고 있습니다. 수에즈 운하 개통을 경축하기 위해 위탁받아 작곡된 베르디의 오페라 〈아이다Aida〉 역시 경축행사의 옷을 벗은 후에도 그것이 가진 '네이키드 스트렝스'에 의해 오늘날도 사랑받고 있습니다. 모차르트가 특정 귀족의 장례식을 위한 부탁으로 작곡했던 〈레퀴엠〉도 오늘날 고전으로 남아 있으니 위대한 작품들은 분명히 '네이키드 스트렝스'를 소유합니다.

기업이 시장에 내놓는 제품 혹은 서비스 중 '네이키드 스트렝스'를 가진 것은 오랜 동안 소비자의 사랑을 받을 것이고, 그렇지 못한 것은 경쟁력을 잃고 곧 소멸할 것입니다. 제품과 서비스의 경우 '네이키드 스트렝스'는 구체적으로 무엇인지 탐구해봅시다. 소비자의 입장에서 볼 때, 어느 제품 혹은 서비스로부터 소비자가 느끼는 가치V는 그가 지불하는 가격P보다 커야만 만족스러울 것입니다. 바꾸어 말하면, 소비자가 100원 가치V를 느끼는 상품을 100원 가격P에 팔면 소비자가 얻는 순 가치net value는 제로0가 되어 그 제품이 소비자를 계속 붙잡을 수 있는 힘은 제로0가 됩니다 소비자가 지불하는 가격P보다 소비자가 느끼는 가치V가 더 클 때, 즉 V 〉 P의 관계가 성립할 때 비로소 소비자는 (V-P)만큼의 잉여가치 surplus value를 가지게 될 것이므로, (V-P)를 제품의 '네이키드 스트렝스'로 봐야 합니다. 정리해보면, 제품 혹은 서비스의 '네이키드 스트렝스'는 소비자가 지불하는 가격P을 제한 후 (즉 가격이라는 옷'을 벗은 후)에도 남아 있는 가치V가 됩니다.

한국 시장에 나와 있는 구체적 제품을 예로 들어 '네이

● 게티스버그 연설

게티스버그 연설Gettysburg Address은 미국 에이브러햄 링컨 대통령이 남북전쟁 때 결정적인 전투1863. 7.1~3가 벌어졌던 펜실베이니아 주 게티스버그에서 국립묘지 개관식 1863.11.19 때 했던 세계적으로 유명한 연설이다. 당시 행사의 주된 연설은 당대 최고의 웅변가인 에드워드 에버렛이 2시간의 행사  기간 중 1시간 동안 했던 연설. 여기에 이어진 링컨의 짧은 연설은 별로 주목을 받지 못할 것으로 예상됐지만 이후 널리 인용되고 찬사 받는 고전적인 연설이 되었고 산문시의 걸작으로 인정받고 있다.

● 아이다

〈아이다Aida〉는 주세페 베르디의 4막 오페라. 1871년 이집트 카이로에서 초연되었으며 기슬란초니의 대본에 기초했다. 1896년 봄 이집트 국왕 이스마일 파샤가 수에즈 운하의 개통을 축하하기 위해 위촉한 오페라이며 카이로 국립극장 개관 기념곡이기도 했  다. 이후 1872년 밀라노 스칼라 극장에서 베르디 자신의 지휘로 공연하여 크게 성공했다. 베르디의 애국적 그랑 오페라의 하나로, 당시 이탈리아인의 애국심을 크게 고취시켜 베르디의 명성을 높인 작품이다.

키드 스트렝스'를 설명해 봅시다. 라면은 대한민국이 세계에서 가장 경쟁력이 강한 제품 가운데 하나입니다. 기름에 튀긴 라면이라는 개념은 원래 중국에서 나왔습니다. 중국의 튀긴 라면이 일본으로 갔고, 일본의 라면이 한국으로 들어왔으므로, 한국의 라면은 제3세대입니다. 현재 중국은 세계에서 라면을 가장 많이 생산하고, 또 가장 많이 소비하는 나라입니다. 그럼에도 불구하고, (한국이 종주국인) 김치가 중국에서 수입되고 있지만 (중국이 종주국인) 라면은 한국 시장에서 찾아볼 수 없습니다.

    그 이유를 설명하기 위해 한국 시장에서 가장 많이 팔리고 있는 'S라면'을 예로 들어 봅시다. 시장조사 팀이 S라면의 소비자를 찾아가 다음 같은 질문을 합니다. "귀하께서 드시고 계신 S라면 한 봉지의 가격P은 현재 700원인데, 만약 그것이 1,000원으로 오른다고 가정해도 계속 잡수시겠습니까?" 하는 질문입니다. 소비자가 이 질문에 답을 하려면 자기가 S라면을 사 먹는 이유, 즉 S라면에서 느끼는 가치를 따져 봐야 합니다. 소비자는 S라면 한 봉지에서 (1) 한 끼의 끼니 해결, (2) 반찬 걱정, 설거지 걱정 최소화, (3) 얼큰하고 시원한 국물 맛 향유 등 3가지 가치를 느낍니다. 1,000원으로 이런 3가지 가치를 느낄 수 있는 다른 상품을 찾을 수 없다면 소비자가 S라면에서 느끼는 최소한의 가치V는 1,000원 이상 되는 셈입니다. S라면의 가격P은 700원이기 때문에 소비자는

1,000원-700원=300원의 잉여가치surplus value를 가지게 됩니다. 이것이 S라면의 옷 벗은 뒤에 남는 '네이키드 스트렝스'입니다. 이 힘이 바로 (세계에서 라면을 제일 먼저 개발했고, 오늘날 제일 많이 생산하고 또 제일 많이 소비하는 라면의 종주국) 중국에서 한국으로 라면이 수입되지 않는 이유입니다.

노자의 사상 중에 '영필일야盈必溢也, 그릇이 가득 차면 반드시 넘친다'라는 것이 있습니다. 노자는 '더 채울 수 있지만 채우지 않고 빈 공간 상태로 남겨놓은 부분'을 허虛라고 불렀습니다. 홍수 조절용 다목적 댐의 경우에도 수문을 열고 물을 방류하여 일정한 크기의 '빈 공간'을 남겨 놓아야 비로소 그 댐은 (제 구실을 할 수 있는) 능력 있는 댐이 됩니다. 소비자가 1,000원 이상의 가치V를 느끼는 상품을 700원의 가격P에 팔면 이 제품은 (가격을 올릴 수 있지만 아니 올리고 남겨놓은 여분) 300원의 허虛를 가지게 됩니다. 이것이 '네이키드 스트렝스'이며, 진정한 의미에서 제품의 경쟁력이 됩니다.

제품을 공급하는 기업의 입장도 생각해야 합니다. 기업은 원가C보다 더 큰 가격P을 받아야 (P-C)만큼의 이익을 낼 수 있고, 이것으로 국가에 세금을, 투자자에 배당을, 그리고 성장을 위한 재투자 등을 할 수 있습니다. 그래서 '가치V 〉 가격P 〉 원가C'라는 관계식이 성립하고, 이 부등식은 기업의 생존능력을 규정하므로 생존부등식이라고 부릅시다.

생존부등식은 기업경영뿐만 아니라 인생경영에서도

● **Naked Strength, 경영의 기본**
• 소비자고객의 입장에서 필요한 조건 :
$$(제품의) 가치V > 가격P \cdots\cdots ①$$
• 기업의 생존을 위해 필요한 조건 :
$$가격P > 원가C \cdots\cdots ②$$
• ①식과 ②식을 결합하면 : $가치V > 가격P > 원가C \cdots\cdots ③$
• ③식을 '생존부등식'이라 명명 : 기업과 인생 경영의 기본

기본적인 필요조건이 됩니다. 저는 학생들에게 이렇게 가르치고 싶습니다. 만약 어느 학생이 학교를 졸업하고 취직해서 100만 원 월급을 받는다고 가정합시다. 그 사람이 혹시 "나는 100만 원 월급을 받으니까 100만 원어치만 일하면 떳떳하겠지." 하고 생각한다면 그는 곧 도태당합니다. 100만 원 월급을 받는 직원이 (예컨대) 300만 원 이상의 가치V를 창출할 때 그 직원은 300-100=200만 원의 '네이키드 스트렝스' 혹은 노자가 말하는 허虛의 힘을 가지게 되고 이것이 그 직원의 경쟁력이 됩니다. 생존부등식의 오른쪽 부등호 즉 이 직원이 받는 '가격(월급) > 원가(생활비)'의 문제는 근검절약으로 해결할 수밖에 없겠지요.

2005년도에 서울대 경영대학 정년퇴임을 할 때, 저는 그것으로 끝나는 줄 알았습니다. 하지만 정년퇴임을 하기도 전에 3개 대학에서 석좌교수로 와달라는 요청을 받았습니

다. 저는 지하철을 좋아하기 때문에 지하철 가장 가까운 대학에서 했습니다. (청중 웃음) 정년퇴임을 하고 대학교수 옷을 벗었는데도 지금도 계속 여기저기에서 강의를 해달라고 부르는 것을 보면, 저에게 '네이키드 스트렝스'가 조금은 있는 것 같습니다. 어떻게 해서 이 힘을 구축했는지 생각해보면, 저는 현직 교수 때도 어디 가서 강의를 할 때 절대로 강사료 얼마 주는 지 물어본 적이 없습니다. 주는 대로 받는 것이 대학교수 강사료입니다. 거지하고 똑같아요. 주는 대로 받으니까요. (청중 웃음) 강의를 하면서 저는 필사적으로 '네이키드 스트렝스'를 지키려고 노력해왔습니다. 예를 들어 강사료가 50만 원이라면, 강의를 들어보고 저거는 100만 원 혹은 200만 원이 넘는 가치를 가진 강의라고 느낀다면 저는 '네이키드 스트렝스'가 있는 거지요. 그래서 아직까지 학문적으로 살아 있는 것 같습니다. 어떻게 보면 이건 쉬운 거죠. 이것을 저는 기업과 인생을 경영하는 기본으로 생각합니다.

우리가 학교 다닐 때 감수성이 좋은 시절에 〈초원의 빛〉이라는 영화를 보았어요. 그 영화는 시인의 아름다운 시구를 토대로 한 것입니다. 인간이 젊은 시절에 향유하는 육체적 아름다움도 세월이 흐르면서 벗어야 하는 '옷'에 해당합니다. 장년기에 누리던 권세도 나이 들면서 벗어야 하는 '옷'이지요. 이렇게 인생은 세월의 흐름 속에 슬퍼집니다. 그래서 시인 윌리엄 워즈워드William Wordsworth는 〈Ode on Intimations of Immortality from Recollections of Early Childhood〉라는 장편의 시에서,

......

Though nothing can bring back the hour
Of Splendor in the grass, of glory in the flower,
We will grieve not, rather find
Strength in what remains behind.

비록 초원의 빛, 꽃의 영광으로
찬란했던 시간들이 다시 올 수 없을지라도
우리는 슬퍼하지 않으리, 차라리
뒤에 남아 있는 것에서 힘을 찾으리.

라고 읊었습니다. "뒤에 남아 있는 것", 이것이 '옷'을 벗은 후에도 남아 있는 '네이키드 스트렝스'를 의미할 것입니다. 결국 모든 인간은 젊은 시절에는 '소버' 하기 위해, 그리고 나이를 먹어 가면서는 '네이키드 스트렝스'를 쌓기 위해 계속 노력해야 할 것 같습니다.

제2부 : 패널 질문과 토론

●여정성 교수 : 시로 시작해서 다시 시로 끝을 맺어주셨습니다. 여기 앉아 계신 모든 분들이 평생 '소버'와 '네이키드 스트렝스'는 잊어버리지 않을 것 같습니다. 선생님 말씀 감사합니다.

시작할 때 말씀드렸던 대로 선생님의 후배 세 분을 패널로 모셨습니다. 우선 물리학과의 오세정 선생님의 말씀을 듣겠습니다. 오세정 교수님께서는 물리천문학부에서 교수로 재직하고 계시고, 지난 12월까지 자연대 학장님을 역임하셨습니다.

●오세정 교수 (서울대 자연과학대학 물리천문학부 교수) : 이렇게 훌륭한 강의를 듣고 뒤에 사족을 붙인다는 게 죄송스럽습니다. 선생님께 드리고 싶은 질문을 포함해서 몇 가지 말씀을 드리겠습니다. 윤석철 교수님께서 명예교수로 은퇴하실 때, 처음으로 선생님의 강의를 듣고 '참 명강의다.'라는 생각을 했는데, 4년이 지난 후에도 선생님의 '네이키드 스트렝스'가 하나도 변하지 않은 것 같습니다. '네이키드 스트렝스'는 우리나라 말로는 '내공'이라고 표현할 수 있을 것 같은데, 오히려 내공이 커지신 것 같습니다. 굉장히 감명 깊었습니다.

●비선형 동역학과 혼돈 이론 Nonlinear Dynamics and Chaos

동역학적 상태의 변화가 매우 불규칙적이어서 미래의 상태에 대한 실질적인 예측이 불가능한 운동에 관한 이론으로, 특정 비선형 동역학계가 특정 조건에서 카오스 현상을 보이는 경우를 연구한다. 카오스는 주사위를 계속 던졌을 때 얻는 숫자들의 나열과 같은 무작위성 randomness과는 구별된다. 그 이유는 카오스가 외관상 무작위하게 보이지만 그것의 동역학을 지배하는 법칙이 존재하고, 따라서 주어진 어떤 초기 상태에 대해서 미래의 상태가 그 법칙에 의해 항상 유일하게 결정되는 결정론적인 본성을 갖고 있기 때문이다. 따라서 초기 조건이 조금만 달라져도 결과가 상당히 다르게 나오는 것을 의미한다. 이러한 혼돈 현상은 '나비효과'로 잘 알려져 있으며, 지구의 대기, 판 구조론, 경제/인구 현상, 다중세계의 궤도 변화 등을 이 이론으로 설명할 수 있다. (브리태니카 세계백과사전 참고)

●엔트로피 Entropy 법칙

어떤 물리계 내에서 일하는데 사용할 수 없는 에너지를 나타내는 하나의 척도. 일은 질서로부터 얻어지기 때문에 엔트로피의 양은 그 계의 무질서나 무작위를 나타내는 것이기도 하다. 엔트로피라는 개념은 1850년 독일의 물리학자인 루돌프 클라우지우스에 의해서 처음 제안되었는데 때때로 열역학 제2 법칙의 형태로 표현된다.

저는 윤 선생님을 상당히 오래전부터 알고 있었습니다. 제가 처음 서울대에 부임했던 때가 1984년이었는데, 그때 어떤 경영학과 교수님이 저한테 전화를 하셔서, "요새 넌리니어nonlinear가 있고 카오스chaos라는 말이 있던데 그게 뭔가요?" 하셨습니다. 저도 잘 모르지만 아는 대로 대답해 드리고 나서 나중에 저희 학과 교수님께 윤 선생님에 대해서 여쭤보았더니, "물리과를 졸업하셨는데 경영학과 교수이다."하는 설명을 들었습니다. 그 설명을 듣고 당시 "참 이상한 분도 계시다."하는 생각을 했습니다. (청중 웃음) 그 후에도 물리에 관심이 있으셔서 최근의 이론에 대해서 계속 물어보시곤 하셨습니다. 굉장히 자세하게 질문하시고 제가 답변을 드리면 "이런 문제도 있지 않느냐?" 하며 내공 깊은 질문을 하시는 것을 보면, 항상 열심히 공부하고 계시다는 생각이 들었습니다. 오늘도 프레젠테이션하신 것을 보면 파워포인트에 완전히 통달하신 것 같습니다. 제가 못 쓰는 기술도 많이 쓰셔서 제가 부끄럽습니다.

한 가지 아쉬운 점이 있다면, 제가 물리학과 후배인지라, 〈문학에서 경영을 배운다〉는 강의 제목을 보고 솔직히 약간 실망했습니다. '자연에서 배운다' 혹은 '물리학에서 배운다'고 말씀하셨으면 저는 굉장히 좋았을텐데……. (청중 웃음) 과학을 공부하다보면 자연의 거대함, 관대함, 법칙의 정교함에 놀라는 경우가 상당히 많습니다. 근대 과학의 창시자로 평가되는 뉴튼조차도 "자신은 진리의 바닷가에서 조그만 조약돌 한두 개를 줍는 소년과 같다."는 말을 했습니다. 뉴튼의 말 가운데 "사람이 자연의 법칙을 이해할 수 있다는 것 자체가 이해하기 힘들다."는 말도 기억에 남습니다. 즉, 사람의 이성이라는 것이 매우 제한적인데, 그 제한된 이성으로 자연계가 돌아가는 원리를 이해한다는 것 자체가 상당히 불가사의하다는 것입니다. 그래서 과학자 가운데 종국에는 종교에 심취하는 사람이 굉장히 많습니다. 아까 선생님께서 인간의 존엄성에 대해서 말씀하셨지만, 실제로 물리 법칙 중에 '엔트로피 법칙'을 예로 들면, "모든 것은 가만히 두면 불규칙하게 (랜덤하게) 간다."는 것인데, 인간 등 생물체의 구성 메커니즘을 보면 정말 정교하기 이를 데 없어서, 이것이 우연하게 만들어졌다고 보기는 매우 어렵다는 생각이 듭니다. 지금 우리가 문명이 발달되어서 여러 가지 기계를 만들고 있지만, 대부분은 자연을 모방한 것으로, 결국은 자연이 지혜의 보고입니다. 그것을 조금이나마 알아들을 수 있는 언어로 설명하는 역할을 하는 사람이 과학자들인데, 그러한 노력을 하면 할수록 "인간이라는 존재가 참 하찮구나."라는 생각을 하게 되어서 종교에 많이 심취하게 됩니다. 따라서 자연에서 인생과 경영도 배워야 하지 않을까 하는 생각을 했습니다. 이런 점에서 선생님이 강의 제목을 〈물리학에서 인생과 경영을 배웠다〉고 해도 괜찮은 주제가 되지 않았을까 싶습니다.

현대사회의 도전은 기술의 변화

몇 가지 질문을 드리고 싶은 것은, 사실 '문학'도 중요하지만, 아까 '도전'이 환경변화라고 말씀을 하셨는데, 현재 사회의 환경 변화는 사실 '기술의 변화'입니다. 아그파 필름이 망한 것, 제록스가 힘들었던 것, IBM이 하드웨어에서 소프트웨어 회사로 거의 업종을 바꾼 것들도 결국은 기술의 변화에 따른 인간 수요 변화의 결과일 것입니다. 이러한 수요의 변화, 그리고 그에 따른 사회의 변화를 예측을 해서 따라가려는, 혹은 미리 앞서가려는 노력이 중요할 것입니다. 그러려면, 문학만 보고 인생과 경영을 배울 수 있는 것이 아니라, 과학기술을 알아야 하고 그에 따른 사회 변화도 미리 예측할 수 있는 능력이 필요하다고 저는 생각합니다. 그런 면에서 볼 때, 서울대 경영학과에서 인문학을 강조한다고 하는데, 그와 더불어 현대 기술의 트렌드들도 경영자들이 확실히 이해하고 있어야 한다고 생각합니다. 얼마 전 황창규 전 삼성전자 사장으로부터 삼성이 소니를 따라잡을 수 있었던 가장 커다란 원인 가운데 하나는 소니가 굉장히 어려울 때 외국인 사장을 데리고 온 것이라는 말을 들었습니다. 외국인 사장을 데리고 온 것이 문제가 아니라, 그 외국인 사장이 하드웨어를 하는 사람이 아니라 엔터테인먼트 회사의 사장이었기 때문에 결국은 소니의 매뉴팩처manufacture 기술을 저하시킨 것 같다는 말씀을 하셨습니다. 즉 매뉴팩처 회사의 경우 CEO의 마인드가 중요하다

현대사회의 도전은 기술변화입니다. 기술의
변화에 따른 인간 수요의 변화와 그에 따른 사회의
변화를 예측을 해서 따라가는 것이 기업의 흥망을
결정합니다. 따라서 경영자들은 과학기술의 변화
트렌드를 알아야 하고 그에 따른 사회 변화도
미리 예측할 수 있는 능력이 필요합니다.

—

현대사회에서는 개인의 '소비'만이 아니라 집단의
'소비' 문제가 굉장히 중요합니다. 기업 활동의
사회적, 문화적 결과에 대한 고민이 필요합니다.

오세정 교수

는 이야기였습니다. 그런 면에서 매뉴팩처 회사가 아니라 소프트웨어를 생산하는 회사이더라도 이제는 기술적, 과학적 마인드가 있어야 한다는 생각이 듭니다.

집단적 소버의 중요성

또 하나는 '소버'와 관련해서입니다. 선생님께서 말씀하시는 '소버'는 우혹이나 탐욕에서 벗어나서 원칙을 지키라는 말로 이해가 됩니다. 그런데 현대사회에서는 개인의 '소버'만이 아니라 집단의 '소버'가 필요하다고 생각합니다. 나치의 군대에 있던 사람들이 죄의식 없이 나쁜 일을 하기도 했듯, 아마도 지금 투자은행에 있던 많은 사람들도 개인적으로는 대단히 열심히 일을 했지만 전반적인 흐름과 체제에 대해서는 별다른 고민을 하지 않았던 것 같습니다. 그래서 개인적인 소버만의 문제가 아니라 집단적인 시스템의 문제도 굉장히 중요하다는 생각이 듭니다. 어쨌든 현대사회가 조직사회이기 때문에 많은 사람들이 혼자 일하기보다, 회사와 같은 조직에서 집단을 만들어서 일을 하기 때문입니다. 요서 기업의 사회적 책임에 대하여 많이 이야기되고 있는데, 단순히 봉사하는 차원에서 그칠 것이 아니라, 기업 활동의 사회적, 문화적 결과에 대한 고민이 필요하다고 생각합니다.

　　　마지막으로 조금 개인적인 질문을 드리겠습니다. '네이키드 스트렝스'의 중요성과 관련된 질문입니다. 본인이 처음에 서울대에 부임하실 당시 그 분야를 가장 잘 아는 분들 가운데 한 명이어서 정부에서 오라는 요청을 많이 했는데 뿌리치셨다고 말씀하셨습니다. 학자라면 당연히 그렇게 해야 하겠지만, 오늘 여기 앞에 많이 앉아 있는 학생분들은 꼭 학자가 될 사람들은 아닐 것입니다. 사실 저는 서울대 학부를 졸업하시는 분들은 전문가가 될 필요도 있지만, 그것보다는 사회를 이끌어 나가는 리더가 되는 것이 더욱 중요하다고 생각합니다. 선생님께서 말씀하신 경우에도, 본인의 능력이 남들보다 더 잘할 수 있다고 보이는데, 그런 일을 하는 것을 사양한 것이 잘한 결정인가라는 고민도 할 수 있을 것 같습니다. 옷을 벗고 나니 '네이키드 스트레스'가 네거티브negative인 사람들이 대부분이라고 하셨는데, 자신이 그곳에 가서 일하면서 '네이키드 스트레스'를 파지티브positive로 만들면, 더 많은 사람들에게 도움이 되지 않을까라는 고민도 하셨을 것 같습니다. 그런 고민이 있으셨다면, 어떠한 과정을 통해서 정부 일을 하는 것을 사양하는 것으로 결론을 내셨는지 이야기를 들었으면 합니다.

자연의 가르침에 대해

● 윤석철 교수 : "왜 문학에서인가? 자연에서 더 배울 것이 많지 않은가?"라는 질문은 맞는 말씀입니다. 제가 물리학을 공부하면서 받은 감명의 하나는 "높은 곳에 있는 구슬이 직평면flat

plane을 따라 내려올 때의 속도보다, 사이클로이드곡면cycloid-curved plane •5을 타고 내려올 때의 속도가 더 빠르다."는 베르누이Daniel Bernoulli의 발견이었습니다. 즉 최단거리로 가는 것보다 (좀 더 멀지만) 사이클로드 곡선으로 갈 때의 속도가 더 빠르다는 것입니다. 그 이유는 사이클로드 곡선의 전반 궤도에서 물체가 중력 가속도를 더 유효하게 받아서 그것을 운동 에너지로 전환한 후, 그 운동 에너지를 후반 궤도에서 발산하기 때문입니다. '단기적인' 짧은 눈으로만 목표를 보지 말고, '장기적'인 전략적 지혜를 이용하여 더 빨리 갈 수 있다는 의미이지요. 그 뒤로 제 인생도 '단기'에 집착하지 않고 먼 후일을 위한 운동 에너지를 축척하는 '장기'적 지혜를 쌓기 위해 노력해왔습니다. 이처럼 자연 속에는 인간이 배워야 할 풍부한 자원이 아주 많이 있습니다.

집단적인 소버의 문제에 관해

"개인적 소버보다 집단의 소버가 더 중요하다."는 것도 지당한 말입니다. 하지간 집단이 소버하려면 우선 리더십을 가진 사람이 소버해야 할 것이고, 의사결정의 측면에서는 그 리더십도 결국 개인적인 소버의 문제가 됩니다. 그러므로 우선 개인이 소버하면서 그 사람이 훌륭한 리더십을 가지고 집단을 변화시키는 것이, 요즘 이야기하는 '트랜스포메이셔널 리더'•6일 것입니다.

●여정성 교수 : 다음으로는 선생님께서 처음 진학하셨던 독문과 후배이신 강창우 교수님을 모시겠습니다.

●강창우 교수 (서울대 인문대학 독어독문과 교수) : 선생님의 강연 매우 감명 깊게 잘 들었습니다. 좋은 강연에 감사드립니다. 선생님께서 평생 동안 화두로 삼아 오셨던 '소버'와 '네이키드 스트렝스'라는 개념을 한 시간 만에 제가 나름대로 잘 이해할 수 있게 해주신 명강의였습니다. 오세정 선생님께서는 "왜 '문학에서 경영을 배우다'라고 하셨는지, '물리학에서 배우다'로 했으면 했다." 하셨는데, 저는 당연히 '문학에서 경영을 배우다'라고 하셨기 때문에 굉장히 기뻤습니다. (청중 웃음) 제가 서울대에서 강의를 한 지 13년이 됐는데, 처음 강단에 선 날부터 지금까지 줄곧 '인문학의 비실용성'에 대해서 비판과 비난을 들어왔던 터여서, "문학이 살아가는 데 그리고 경영과 경영학을 하는 데 쓸모가 있다."는 선생님의 말씀이 가뭄의 단비처럼 느껴졌습니다.

사실 선생님께서도 지적하셨던 것처럼, 현재 세계를 강타하고 있는 경제위기를 겪으면서 인문학의 가치가 재인식되는 조짐은 미국에서부터 조금씩 감지되고 있습니다. 현재 국내에서도 상당한 전환기를 맞고 있다고 생각을 하면서 위안을 받고 있습니다. 물론 지난 20년 가까이 인문학이 정체성 위기를 겪으면서 한편으로는 많이 위축되기도 했지만, 이러한 도전에 대한 응전을 통해서 교육과 연구에서 많은 개혁을 이루어 온 것도 사실입니다. 예컨대, 우리 인문대에서 현재 네 번째 학기가 되였는데, '최고지도자 인문학 과정'이나, 그 과정의 성공에 탄력을 받아 이번 학기에 시작한 '미래지도자 인문학 과정', 마찬가지로 이번 학기에 시작한 '서울대 교직원을 위한 인문학 강좌' 등을 운영하고 있는 것이 우리 인문학이 사회와 소통하기 위한, 그리고 인문학의 정체성 위기를 극복하기 위한 노력의 일환이라고 저는 생각합니다.

이러한 과정을 선생님께서 제시하신 '소비'와 '네이키드 스트렝스'라는 개념으로 풀어보았습니다. 인문학이 원래 '네이키드 스트렝스'가 부족해서 소위 말하는 인문학의 위기를 겪었던 것이고, 이것은 소비자가 인문학에 지불하는 가격보다 소비자가 느끼는 가치가 낮았던 것에 이유가 있지 않았나 생각합니다. 따라서 우리 인문학도들은 이런 상황을 인식하고 '소비'해져서 소비자가 느끼는 가치를 높여서 인문학의 '네이키드 스트렝스'가 커지도록 많은 노력을 해왔습니다. 이

과정에서 많은 다른 학문 분야에 종사하시는 분들이 도와주셨지만, 특히 경영대에 계신 여러 선생님들께서 많이 도와주셨습니다. 국내 최초로 경영대의 컨설팅을 받아서 인문대의 진단평가를 하는 작업을 했으며, 그 작업의 결과를 인문학 발전의 디딤돌로 삼고 있습니다. 아까 말씀드린 최고지도자 과정도 앞에 앉아 계신 조동성 교수님을 비롯해서 여러 선생님들의 자문을 받아서 진행하고 있습니다. 다른 한편으로는 경영대에서도 인문학의 가치를 상당히 높게 평가해주시는 것 같아서 저희도 상당히 흡족해하고 있습니다. 특히 새로 학장을 맡으신 안태식 학장님도 "경영대 커리큘럼에 인문학 강좌를 많이 반영하겠다." 하시는 말씀을 들으면서, 인문학이 이제는 다시 상승곡선을 탈 수 있지 않을까 하는 일말의 기대도 해보았습니다.

물론 이런 '소버'와 '네이키드 스트렝스'라는 개념으로 시장경제의 원리를 설명하는 것과 똑같은 방식으로 인문학의 가치와 원리를 평가 혹은 측정할 수 있다는 뜻은 아닙니다. 다만, 장기적으로 보면 결국 학문에도 이런 '소버'와 '네이키드 스트렝스'라는 개념이 적용될 수 있다고 생각합니다. 선생님의 강연에는 감명적인 요소가 많이 있는데, 원고의 마지막 부분의 "모든 인간은 젊은 시절에는 '소버' 하기 위해, 그리고 나이를 먹어 가면서는 '네이키드 스트렝스'를 쌓기 위해 계속 노력해야 하는 운명을 타고났다." 하신 말씀은 특히 감명 깊

인문학의 위기라는 비판 속에서 간비 같은 강의였습니다. 인문학도로 독어독문학을 공부한 경험이 어떻게 경영학의 대가가 되시는 데 기여를 했나요?

—

현재 대학은 두 가치 속에서 혼란스러워하고 있습니다. 시장의 요구에 맞추어 변화해야 하는 현실적인 필요와 학문을 깊이 있게 연마하는 곳으로서의 대학 본연의 기능을 유지하는 것 사이에서 고민하고 있습니다. 대학이 네이키드 스트렝스를 향상시키려면 어떤 방향으로 나가가야 할까요? 강창우 교수

었습니다. 선생님 말씀을 들으면서, '나는 개인적으로 얼마나 소버하려고 노력하고 있는가', '나의 네이키드 스트렝스는 어느 정도일까', '나는 정말 월급만큼의 값어치를 하고 있는가' 하는 자문도 해보았고, '작게는 제가 속한 독어독문학과와 인문대학, 조금 넓게는 서울대학과 우리나라 대학들이 얼마나 소버하고 얼마나 큰 네이키드 스트렝스를 갖추고 있으며 네이키드 스트렝스를 높이기 위해서 얼마나 노력하고 있는가' 하는 자문도 해보았습니다. 이런 맥락에서 선생님께 사실 여쭈어보고 싶은 것은 많이 있는데, 이 가운데 두 가지만 여쭈어 보겠습니다.

첫 번째는, 처음에 여정성 교수님께서 윤석철 선생님께서 살아오신 과정을 간략하게 소개해주셨는데, 그것과 관련된 질문입니다. 독문과를 버리시고 물리학과로 가셨는데, (웃음) 사실 선생님께서 독어독문학과를 공부하셨을 때는 독문과가 서울대에서 가장 인기 있는 학과 가운데 하나였다고 들었습니다. 그런 인기 있는 학과에 입학하셨다가 일 년 만에 물리학과로 전과하시고, 또 그 학과에서 수석으로 졸업하셨고, 미국 펜실베이니아 대학에서 전기 공학을 전공하셨지만 끝에는 경영학으로 학위를 하셨습니다. 이런 이력만을 피상적으로 보면, 선생님께서 적성에 맞는 분야를 찾기 위해서 상당히 많은 방황을 하신 것처럼 보입니다. 물론 이런 방황 과정도 어떻게 보면, 독어독문학과에 들어왔는데 '이것이 아닌 것 같다.' 하는 '소비'해진 상태에 이르러서 다시 다른 전공을 찾아가셨고, 거기에서도 다시 '소비'한 상태에 이르러 다른 과정을 찾아가는 과정이었던 것 같습니다. 오늘 강연하신 내용을 들어보면, 선생님의 이력은 어떤 하나를 버리고 다른 것을 취하시는 과정이라기보다는, 오히려 문과와 이과, 그리고 순수학문과 응용학문을 넘나드는, 요새 흔히 하는 말로는 융합과 통섭의 학문을 하셨다는 생각이 들었습니다. 이런 과정이 선생님께서 학문의 일가를 이루시는 데 어떤 기여를 했는지 궁금합니다. 조금 더 구체적으로, 인문학도로 독어독문학을 공부한 경험이 경영학의 대가가 되시는 데 어떻게 기여를 했는지 말씀해주시면 감사하겠습니다.

다른 하나는, 제가 지금 인문대학의 학생부학장이라는 보직을 맡아서, 학생들의 고민을 같이 느끼고 고민을 해결해주기 위해서 많은 정책을 만들어 시행하는 일을 하고 있습니다. 그런데 학생을 면담하면서 많은 학생이 두 가치 사이에서 크게 방황하고 있다는 느낌을 받았습니다. 단적인 예로, 어떤 2009학년도 독어독문학과 신입생과 면담을 했는데,─요새는 전공을 둘 하거나 심화전공을 합니다─이 학생은 제2전공으로 불어불문학을 하고 싶어하지만, 어머니는 취직 잘 되는 다른 전공을 하기를 원합니다. 그것 때문에 모녀 사이에 갈등이 상당히 크다는 이야기를 들으면서 어떻게 조언을 해야 할지 고민을 했습니다. 한편으로는 "자신의 인생이니까 나중에 후회하지 않기 위해서는 자신이 바람직하다고 생각하는 방향으로 가야 되지 않겠느냐." 하는 말을 하다가도, 다른 한편으로는 "너를 위해서 고생하신 어머니의 의견을 받아들여서, 이미 독어독문학을 전공으로 하고 있으니까 다른 하나는 취직이 잘되는 쪽으로 가면 어떻겠냐." 하게 되어, 제 자신도 상당히 혼란스러웠습니다. 많은 학생이 비슷한 고민을 하고 있는 것 같습니다. 한편으로는 대학에 와서 좋은 직업을 얻기 위해 많은 '스펙'·7을 쌓고 확실한 직업이 보장되는 고시 등의 시험을 준비하며 대학 시절을 보내는 것이 현실적인 필요라면, 다른 한편으로는 '대학이 취업준비를 하는 곳인가, 대학에 와서는 학문의 맛도 보고, 자기 전공을 깊이 탐색하면서 자기 삶에 대해 돌아봄으로써 평생 살아갈 인생의 동력을 얻어야 하지 않은가' 하는 고민도 하고 있을 것이라고 생각합니다. 그런 고민을 하고 있는 학생들에게 이 학생들이 소버해지기 위해서 어떠한 선택을 해야 할지 선생님께서 평소에 생각하고 계시는 것을 말씀해주시면 감사하겠습니다.

　더불어, 이런 맥락에서 한 가지 선생님의 혜안이 필요한 것이 있습니다. 우리 대학도 비슷한 상황에 있는 것 같습니다만, 우리나라의 대학이 한편으로는 대학 본래의 존재 의미를 잃어버리지 않고 지키면서 또 사회의 요구에 부응해야 하는 상당히 어려운 상황에 있습니다. 대학인들 사이에서도 "사회와 시장의 요구에 맞추어 대학이 능동적으로 변해가야

하는가."를 둘러싸고 많은 논쟁이 벌어지고 있습니다. 한 쪽에서는 "대학에서도 경영 개념을 도입하여 대학을 운영하고, 학생들을 유치하기 위해서 연예인이나 스포츠 선수들을 데리고 와서 홍브를 해야 한다." 하는 주장을 합니다. 반면에 이러한 변화를 브정적으로 보는 입장에서는 "대학이 원래 우리 사회에서 갖는 기능이 그런 것인가." 하는 질문을 던지며, "학문을 깊이 있게 연마하고 그 결과를 응용학문을 통해서 사회에서 실현할 수 있도록 하는 것이 대학의 역할"이라고 주장합니다. 이 문제에 대해서는 인문대 내에서도 많은 논쟁이 있습니다. 여기에 대한 선성님의 고견도 듣고 싶습니다.

●윤석철 교수 : 강창우 교수님. 그동안 인문학이 위기를 겪었다고 했는데, 강 교수님께는 대단히 송구스러운 말씀이지만, 인문학자들이 정신을 덜 차렸기 때문 같습니다. (청중 웃음) 제가 정년퇴임할 때 십 분짜리 답사를 했습니다. 그 십 분을 위해서 저는 스무 시간의 노력을 했슽니다. 그래서 여정성 교수님과 오세정 선생님이 지금까지도 그 강의가 감명 깊었다고 말씀을 하시는 것입니다. 인간에게 중요한 것은 노력밖에 없습니다. 인문학도 좀더 많은 노력을 해야 할 것입니다.

저한테, 2006년에 수당재단에서 처음으로 과학 분야

가 아닌 인문사회 분야에 상을 주었습니다. 그때도 수상 소감을 십 분간 이야기해 달라고 요청받았습니다. 한 시간 이야기하는 것은 쉽지만 십 분 이야기하는 것은 정말 어렵습니다. 그때 제가 한 이야기를 요약하면, "학문에도 역사가 있다, 학문에서 먼저 탄생한 것은 과학 기술이다, 구리에다 10% 정도의 주석을 섞었더니 강도가 250% 높아지는 것을 발견했고, 이것은 (인문사회학이 아닌) 과학 기술이다, 그 후 약 이천오백 년이 지나서 서양의 아리스토텔레스나 동양의 공자 같은 명석한 분들을 통해 인문사회 학문이 시작되었다, 과학 기술의 역사가 인문사회의 그것보다 배가 되는 셈이다, 그러나 인문사회학이 인간사회를 위해 기여한 공로는 결코 과학 기술의 그것에 뒤지지 않는다"였습니다.

  초창기 인문사회학의 예를 들어 보겠습니다. 이천삼백여 년 전에 알렉산더 대왕•8이 위대한 리더십을 발휘한 일화가 있습니다. 페르시아 원정 가운데, 열사의 사막에서 목이 타니까 휘하 장군 한 명이 장군에게 바치기 위해서 오아시스에 가서 가죽 주머니에 물을 한 주머니 가져와서 바칩니다. 알렉산더가 그 물을 입에 가져가려고 하는데, 주위의 장졸들이 '아! 대왕은 물을 마시는구나!' 하는 부러운 눈으로 바라보고 있는 것을 봅니다. 알렉산더는 부하들의 이러한 감정을 느끼고 "나 혼자 물을 마실 수 없다. 우리 전진해서 다 함께 물을 마시자." 하며 아까운 물을 마시지 않고 모래 바닥에 그대로 버립니다. 이것이 감성적 리더십입니다. 당시 알렉산더의 나이는 스물아홉이었습니다. 스물아홉의 젊은 청년이 이러한 리더십을 발휘할 수 있었던 것은 4년 동안 아리스토텔레스에게 배웠기 때문일 것입니다. 아리스토텔레스는 위대한 인문사회학자였고, 인문사회학의 힘은 이렇게 막강합니다. 동양의 인문사회학 대가이신 공자께서도 "백성의 신뢰를 잃으면 아무것도 할 수 없다.民無信卽不立" 하고 가르치셨고, 이 가르침은 이천오백 년이 지난 오늘날에도 정치·경제·사회의 모든 영역에서 절대적 진리로 통하고 있습니다.

대학의 갈 길에 대하여

"앞으로 어디로 가야 하는가, 학생들의 갈등과, 대학이 앞으로 어떤 노력을 해야 하는가."에 대해서 질문하셨습니다. 과거는 '셀러스 마켓Seller's Market', 즉 공급자가 파워를 가지고 있었는데, 지금은 완전히 '바이어스 마켓Buyer's Market', 즉 소비자가 파워를 가지고 있는 시대입니다. 소비자가 무엇을 필요로 하고, 소비자의 아픔이 어디에 있고, 소비자의 정서가 어떠한가를 파악하지 못하면 개인이나 기업 모두 도태될 것입니다. 그러므로 인간 개개인이 자기 커리어를 개발하는 데 있어서도, 또 기업이 제품과 서비스를 개발하는 데 있어서도, 앞으로의 키워드는 '감수성'입니다. 알렉산더 대왕과 같은 감수성이 필요합니다. 장군 입장에서는 부하들은 고객입니다. 부

앞으로 대학이 해야 할 일은 '감수성'을 가진 인재를
키워내는 일입니다. 진정한 감수성이란
상대방의 아픔이 무엇인지를 알아내는 능력입니다.

하들의 지원 없이 어떻게 전쟁에 이기겠습니까? 고객(부하)들의 목마름에 대한 아픔을 감성적으로 느꼈기 때문에 물을 버린 것입니다. 그런데 우리 중에 '나는 가을에 낙엽 하나 떨어지는 것만 봐도 마음이 슬퍼진다. 그러니 나는 감수성 풍부한 사람이다.' 하고 생각하는 사람이 있다면 그것은 오해입니다. (청중 웃음) 진정한 감수성이란 상대방의 아픔이 무엇인지를 알아내는 능력입니다. 남편이라면 부인의 필요가 무엇이고 아픔이 무엇인지를 알아내는 것입니다.

저는 유학 시절에 학교에서 주는 260불을 가지고 자녀까지 키우면서 가끔 부모님 생신 때 한국에 돈도 보내며 살아야 했습니다. 마누라 생일이 돌아오거나 크리스마스가 오면, 워낙 궁할 때니까 이번 선물은 무엇을 해야겠다는 것이 이미 정해져 있습니다. 가난 속에서 감수성이 크게 필요하지 않아요. 그런데 국민소득 100달러 하던 경제가 지금 2만 달러가 되고, 나이가 들다 보니 집안에 쌓여가는 것이 물건입니다. 그러다보니 마누라 생일이 되면, '마누라가 필요한 것이 뭔지'를 생각하기가 복잡해집니다. 풍요로운 시대가 될수록 감수성을 발휘하는 것이 점점 더 어려워집니다. 그렇지만 고객의 필요와 아픔과 정서를 읽는 감수성을 발휘해서, 거기에 맞는 제품과 서비스를 개발하는 것이 절대 필요합니다. 앞으로의 시대는 감수성을 요구합니다. 내가 여기서 강조하고 싶은 것은 한국인은 감수성 부족증에 걸려있는 것 같다는 것입니다.

예를 들면, 지난 1983년에 6.25 종전 30주년을 맞이하여 KBS가 특집프로그램을 마련했습니다. '6.25 전쟁 동안 이산가족을 찾지 못한 사람들이 있을 터이니 이산가족 찾고 싶은 사람 몇 명 스튜디오에 초청해서 한 시간짜리 프로그램을 만들자.' 생각하고 "이산가족 한 시간 프로그램을 기획했으니, 희망자들은 신청하십시오." 하고 텔레비전에 공고를 냈습니다. 그 공고를 보고 순식간에 820명이 전화를 했습니다. 이산가족이 얼마나 많고, 그 가족을 찾고 싶은 사람이 얼마나 많은지 깨달은 기획진은 한 시간짜리 프로그램 가지고는 부족하겠다고 생각해서, 다시 프로그램을 기획하여 그해 6월 30일 밤 열 시 십오 분부터 하루 수 시간 동안 방영을 했습니다. 이 방영에서 당사자만 우는 것이 아니라 전국의 시청자들 모두 눈이 퉁퉁 붓도록 울었습니다. 이 방송은 결국 183일 동안 방영이 되었고, 국영방송이 하나의 프로그램만 무한정 방영하고 있을 수 없었으므로 183일 만에 미완으로 마쳐야만 했습니다. 여기서 우리는 경영학적인 질문을 해야 합니다. '이산가족이 이렇게 많았고, 자신의 이산가족을 찾고 싶어 하는 그들 마음속의 필요, 아픔, 정서가 이렇게 강렬한데도 불구하고, 왜 이런 프로그램을 기획하기까지 30년이 걸렸는가'를 생각해 보아야 합니다. 30년 동안 텔레비전 방송사는 무엇을 했으며, 신문기자는 무엇을 했으며, 정치하는 사람, 지성인들은 무엇을 했나요? 이산가족의 필요와 아픔과 정서를 진지하게 느낀 사람이 없어서 30년이 걸린 것이라고 생각합니다. "나는 감수성이 풍부해요." 하고 허동을 믿는 사람들은 경쟁에서 밀려날 것입니다. 요즘 이혼율이 높다고 합니다. 결혼을 한 부부도 서로서로 고객입니다. 내 고객의 필요가 무엇이고 아픔이 무엇인지를 살피면서 가족생활을 이끌어야 이혼을 하지 않습니다. "자유주의 시대"라고 흔히 말하는데, 자신만의 자유와 이익을 생각하면 도태될 것입니다.

대학도 마찬가지입니다. '무엇을 해서 먹고 살 것인가'를 고민하는 학생도 마찬가지입니다. 인류학자가 마르셀 모스가 이야기하듯이 이 세상이라는 것은 '주는 행위의 교환 exchange of giving', 즉 주고받음입니다. 그런데 아무거나 주는 것이 아닙니다. 상대방이 필요로 하는 것을 주어야 합니다. 그러니까 학생들 개인의 커리어 플랜도 그렇고, 대학의 방향도 그렇고, 줄 수 있는 능력을 길러야 합니다. 줄 수 있는 능력을 기르기 위해서는 고객과 상대방의 필요와 아픔과 정서를 느낄 수 있는 훈련이 필요합니다.

●여정성 교수 : 오세정 선생님과 강창우 선생님의 말씀을 들었는데, 두 분이 지적해 주시는 부분이 많이 비슷합니다. 윤석철 선생님께서 '개인의 소비'에서 시작하셨는데, 오세정 선생님께서는 '집단의 소비'

● **마르셀 모스** Marcel Mauss, 1872~1950와 『**증여론** The Gift』

프랑스의 사회학자이자 인류학자. 교환양식과 사회구조의 관계에 대한 독창적인 비교연구로 유명하다. 민속학 이론과 방법에 관한 그의 견해는 레비스트로스를 비롯한 뛰어난 인류학자와 사회학자들에게 지대한 영향을 미쳤다. 모스는 사회학자 에밀 뒤르켐의 조카로 그에게 많은 지적인 영향을 받았다. 『자살론』을 비롯한 뒤르켐의 많은 저작들의 준비 작업을 도왔고, 그의 뒤를 이어 『사회학연보』를 편집 간행하였다. 1887년 모스는 뒤르켐이 교육학과 사회학을 가르치고 있던 보르도 대학에 입학하여, 1893년 철학으로 학위를 받았다. 그 뒤 파리대학의 고등연구원에서 종교사를 공부했고 나중에 이곳에서 원시종교학을 가르쳤다. 1925년 모스가 파리대학에 설립한 민족학연구소는 후대의 프랑스 인류학자들을 교육하는 장이 되었다. 그는 학문적 업적 외에 드레퓌스 사건 당시 법정투쟁을 돕고 사회당과 교류하는 등 정치적인 활동도 매우 활발히 했다. 1904년에는 사회당 기관지인 『위마니테』의 창간에 참여했고, 『민중』지에 정치상황에 관한 논설을 기고하기도 했다. 『증여론』(1925)은 그의 대표적인 저서로 꼽힌다. 이 책은 멜라네시아와 폴리네시아, 북아메리카 북서부 지역에서 이루어지는 교환과 계약방식을 중심으로 '주고받는 행위'가 갖는 종교, 법률, 경제, 사회적 측면을 비롯한 여러 부분을 탐구하고 있다. '선물 교환'이라는 현상을 통해 그 사회를 총체적으로 이해하려는 시도는 사회 현상의 제한된 단편을 사회적인 총체적인 관계 속에 파악하려는 모스의 접근방법을 잘 보여준다. 모스의 '총체적인 사회적 사실'이라는 개념은 이후 수많은 학자들에게 지대한 영향을 미쳤다. (출처: 마르셀 모스 (이상률 옮김, 2007), 《증여론》, 한길사)

에 대한 고민이 필요하다는 말씀을 해주셨고, 강창우 선생님께서는 '학문 그리고 대학, 더 나아가 사회의 소버'에 대한 고민을 말씀하주셨습니다. 선생님께서 던지신 호두가 저희 안에서 계속 퍼져나가는 것 같습니다. 마지막으로 경영대학의 박상욱 교수님을 모시겠습니다. 과거에 선생님의 조교셨다고 알고 있습니다.

●박상욱 교수 (서울대 경영대학 경영학과 교수) : 영광스럽게도 윤석철 선생님의 마지막 선택을 받은 경영학과에서 근무하고 있습니다. 제가 교수를 하게 되었던 것도 선생님 수업을 들으면서 자극을 받았기 때문인 것 같습니다. 84년도에 학부 학생일 때 선생님의 수업을 들었고, 25년 정도 선생님을 옆에서 지켜보고 모시는 사람입니다.

오늘 선생님 강연을 들으면서 '선생님은 계속 변하시는구나.' 하는 생각을 했습니다. 처음에 오세정 교수님께서 말씀을 하실 때 왜 자연이나 물리 쪽에서 인생이나 경영을 보지 않고 문학 쪽에서 보셨냐는 말씀을 하셨는데, 저는 20년 넘게 선생님의 강연을 들어왔는데, 원래 처음에는 물리나 자연에 대해서 많이 말씀하셨습니다. 오늘은 그 부분을 빼시고 그 다음 단계로 넘어가셨다고 말씀을 드릴 수 있을 것 같습니다. 물론 그때도 수업시간에 시를 읊으시곤 하셨습니다. 많은 학생들이 선생님의 수업에서 감명을 받았고, 선생님으로 인해서 저처럼 인생이 바뀐 사람도 많이 있을 것 같습니다. 그때는 우리 전공을 하는 사람들도 선생님의 영향을 많이 받아서 활력이 넘쳤는데, 요즘은 경영학이 문과로 분류되다보니 학생들이 수학이나 이런 쪽에 대한 관심이 적어서 상대적으로 침체된 분위기를 느낄 수가 있습니다. 이것은 대학 전체의 분위기라고 볼 수 있는데, 이것은 한 학과나 개인적인 노력보다는 학교 전체가 노력을 해서 바꾸어야 할 문제라고 생각합니다.

경영학에서 '소버'의 의미

선생님께서 '소버'와 '네이키드 스트렝스'에 대해서 말씀을 하셨는데, 경영학과 관련해서 몇 말씀을 드리고자 합니다. 일단 '소버'에 대해서 몇 가지 말씀을 드리면 경영학과 관련해서 '소버'라고 하는 것은 제품과 관련된 거품을 제거하고 제품이나 서비스의 가치를 객관적으로 평가하는 데서 출발할 수 있다고 생각합니다. 특히 이번 금융위기의 발단을 보면, 위험이 큰 자산이 있고 위험이 작은 자산이 있는데 이런 것들을 섞어서 포트폴리오를 만들면 위험의 상당 부분을 회피할 수 있다는 가정하에 파생상품을 만들어서 판매를 했는데, 불행하게도 실제로 관찰된 결과는 이러한 자산들이 독립적이지 않고 양의 상관관계를 가지고 있기 때문에 위험이 감소되는 것이 아니라 오히려 위험이 증폭되는 결과를 초래했습니다.

다른 이유도 있겠지만, 제가 전공하는 입장에서 보자면, 이런 제품이나 서비스에 대한 기본적인 가정이 잘못되었기 때문에, 즉 가치 판단이 잘못되었기 때문에, 이와 같은 큰 손실과 위기를 초래했다고 볼 수 있습니다. 그러므로 기업의 입장에서 '소비'해지기 위해서는 자신들이 판매하는 제품이나 서비스가 얼마만큼의 가치를 가지고 있는지를 객관적으로 평가를 해야 할 것입니다.

　또한 제품 서비스의 구매와 관계된 위험이 항상 존재하는데, 이러한 위험에 대해서 고객들에게 정확하게 설명을 해주는 것이 필요하다고 생각합니다. 실제로 이번 펀드라든지 파생상품과 관련된 여러 문제점을 보면 이런 상품들을 판매하는 기관들조차도 파생상품의 위험을 정확하게 이해하지 못했다고 봅니다. 자기도 이해하지 못하는 것을 고객들에게 정확하게 설명하는 것은 불가능합니다. 따라서 기업은 제품의 위험을 정확하게 파악하고 전달하려는 노력을 더 기울여야 한다고 생각합니다. 만약에 이러한 노력을 충분히 하지 못했을 경우에는 그에 따른 책임을 기업이 스스로 져야 한다고 생각합니다.

　그리고 또 하나, 제품이나 서비스의 가치라는 것이 그것을 제공하는 기업의 관점이 아니라 그것을 소비하는 고객의 관점에서 평가되어야 한다고 생각합니다. 일반적으로 기업이 제품이나 서비스를 도입할 때 첫 번째 하는 질문이 이것

기업의 입장에서 '소버'해지기 위해서는 자신들이 판매하는 제품이나 서비스의 가치를 객관적으로 평가하고, 그것과 관계된 위험을 정확하게 파악해서 고객들에게 설명을 해줘야 합니다. 그렇지 못했을 경우 이에 대한 책임을 기업이 져야 합니다.

—

제품이나 서비스의 가치 또한 기업의 관점이 아니라 고객의 관점에서 평가하여, "얼마의 이익을 얻을 수 있는가"보다, "고객들에게 얼마만큼의 부가가치를 창출할 수 있는가"를 먼저 질문해야 합니다.
만일 이에 대한 대답이 "노"라면 아무리 이익을 내는 제품이나 서비스일지라도 판매를 해서는 안 됩니다.

박상욱 교수

을 판매해서 얼마의 이익을 얻을 수 있는가인데, 그것보다 선행되어야 할 질문은 이러한 것들이 고객들에게 얼마나 부가가치를 창출할 수 있는가, 만일 이것에 대한 대답이 "노"라면 아무리 이윤을 남는 제품이나 서비스일지라도 판매를 해서는 안 된다는 결론을 내려야 하지 않을까 생각합니다. 쉽게 생각하는 예로 카지노를 생각해보면, 카지노는 대단히 이익이 많이 나는 산업이기는 하지만, 이것을 통해서 과연 사회적으로 가치를 창출할 수 있는가를 생각하면, 의문이 많이 가는 부분입니다. 저도 미국에 있을 때 도시에 있는 선상 카지노를 가볼 기회가 있었는데, 와서 도박을 하고 있는 대부분의 사람을 보면, 중산층이 아니라 서민인 경우가 많습니다. 아무리 좋은 목적이라도, 가난한 사람의 돈을 가지고 그중의 일부를 털고 가난한 사람을 위해 쓴다는 것 자체가 그리 가치 있는 행동은 아니라는 생각이 듭니다. 그래서 목적 자체가 아무리 좋더라도, 과정 속에서 양의 가치를 창출하지 못하는 제품이나 서비스는 시장에 도입되지 말아야 한다는 생각을 했습니다.

      제가 미국에 90년대에 유학을 갔을 때, 스티브 잡스라는 사람이 인터뷰하는 내용을 들은 적이 있습니다. 당시 스티브 잡스는 컴퓨터와 소프트 회사인 넥스트 컴퓨터를 거액을 받고 애플사에 팔고, '픽사'라는 입체만화를 제작하는 회사를 설립해서 '토이스토리'를 성공시켰던 시기였습니다. (최근에 스티브 잡스는 픽사라는 회사를 디즈니사에 천문학적인 금

액에 팔았습니다) 인터뷰에서 사회자가 "도대체 어떤 생각을 하면 이렇게 이익을 많이 낼 수 있는 비즈니스 모형을 만들어 낼 수 있나?" 하는 질문을 했습니다. 스티브 잡스라는 사람이 망설임 없이 이러한 대답을 했습니다. "아마 이익이 얼마나 나는가를 생각하고 사업을 했으면 이렇게 큰 성공을 거두지 못했을 것이다. 이런 새로운 사업이 사람들에게 미래에 보다 큰 가치를 줄 것이기 때문에 그런 믿음 하에서 전력투구를 했고, 그 결과로 이러한 큰 성공을 거두었다."고 했습니다. 다른 여러 성공한 사업가들도 이익을 쫓은 것이 아니라 가치를 추구했기 때문에 결국은 큰 성공을 거두었다는 주장을 했는데, 굉장히 크게 공감할 수 있는 부분이었습니다.

기업의 네이키드 스트렝스

네이키드 스트렝스에 대해서는, 윤 교수님이 미美에 대해서 말씀을 하셨는데, 미라는 것이 큰 희생을 의미한다는 말씀을 들으면서, 갑자기 예전의 경험이 하나 떠올랐습니다. 제가 학위를 거의 끝낼 때 즈음에 지도교수들하고 대화를 하는데, 갑자기 '범죄 집단' 이야기가 나왔습니다. 마피아 이야기를 하길래, 제가 "한국에는 다행히 마피아 같은 범죄조직이 없다." 했더니, 그분이 "왜 한국에 마피아가 없나요? 전두환이나 노태우가 조직 폭력배의 두목이 아닌가요?" 하는 말을 농담조로 하셨습니다. 당시 "전두환과 노태우 전 대통령이 재판에

●스티브 잡스

스티브 잡스Steve Jobs 1955. 2. 24~2011. 10. 5는 애플의 CEO로, 컴퓨터 산업과 엔터테인먼트 산업의 중요한 인물 가운데 한 사람이다. 아이콘 클릭만으로 프로그램을 여는 컴퓨터 혁명을 이끌어낸 매킨토시를 만들었고, 세계 최초 3D 애니메이션 〈토이 스토리〉와 디즈니의 상상력을 잇는 애니메이션의 걸작 〈니모를 찾아서〉, 〈인크레더블〉로 영화산업을 뒤흔들어놓은 디지털 시대의 최고 흥행사다 또한, 매력적인 디자인과 편리한 기능 혁신의 아이팟으로 'MP3 파일로 음악을 듣는 새로운 문화'를 창즈하고 최초의 인터넷 음악 공급 프로그램 아이튠스를 만들어냈다. 월트 디즈니 회사는 잡스가 소유했던 〈인크레더블〉과 〈토이 스토리〉 등을 제작한 컴퓨터 애니메이션 제작사인 픽사를 최근 74억 달러어치의 자사 주식으로 구입하였다. 2006년 6월 이 거래가 완료되어 잡스는 디즈니 지분의 7%를 소유한, 최대의 개인 주주이며 디즈니사 이사회의 이사가 되었다. (출처: "스티브 잡스, IT 시대의 구루", 〈한겨레 21〉 2009.01.16 제744호)

Disney buys Pixar

House of Mouse is teaming up with Pixar in a $7.4 billion deal. Steve Jobs to become board member at Disney.

By Paul R. La Monica, CNNMoney.com senior writer
January 25, 2006: 8:44 AM EST

NEW YORK (CNNMoney.com) - Mickey Mouse and Nemo are now corporate cousins. Walt Disney has announced that it is buying Pixar, the animated studio led by Apple head Steve Jobs, in a deal worth $7.4 billion.

Speculation about a deal being imminent raged on Wall Street for the past few weeks. Disney has released all of Pixar's films so far, but the companies' current distribution deal was set to expire following the release of this summer's "Cars." The merger brings together Disney's historic franchise of animated characters, such as Mickey, Minnie Mouse and Donald Duck, with Pixar's stable of cartoon hits, including the two "Toy Story" films, "Finding Nemo" and "The Incredibles."

"Disney and Pixar can now collaborate without the barriers that come from two different companies with two different sets of shareholders," said Jobs in a statement. "Now, everyone can focus on what is most important, creating innovative stories, characters and films that delight millions of people around the world."

As part of the deal, Jobs will become a board member of Disney, the companies said. And John Lasseter, the highly respected creative director at Pixar who had previously worked for Disney, will rejoin the House of Mouse as chief creative officer for the company's combined animated studios and will also help oversee the design for new attractions at Disney theme parks.

"The addition of Pixar significantly enhances Disney animation, which is a critical creative engine for driving growth across our businesses," said Disney CEO Robert Iger in a written statement.

During a conference call with analysts Tuesday, Iger said that acquisition discussions had been going on for the past several months. Jobs added that after a "lot of soul searching," he came to

Pixar is perfect...so far

All of Pixar's movies have been box-office smashes. That puts pressure on the company to keep delivering hits.

TITLE, YEAR OF RELEASE	WORLDWIDE BOX OFFICE (IN MILLIONS)
TOY STORY 1995	$362
A BUG'S LIFE 1998	$363
TOY STORY 2 1999	$485
MONSTERS, INC. 2001	$525
FINDING NEMO 2003	$865
THE INCREDIBLES 2004	$631
CARS 2006	???

SOURCE: BOXOFFICEMOJO.COM / PICTURES FROM PIXAR.COM

2006년 디즈니사가 스티브 잡스로부터 픽사를 매입. (출처: 〈CNNMoney〉 2008년 8월 25일 접속) http://money.cnn.com/2006/01/24/news/companies/disney_pixar_deal/index.htm

끌려 나가고 감옥에 가고 이 사람들의 비자금이 몇 천 억이다." 하는 말이 나오던 때입니다. 경제적인 규모나 이런 것들로 보았을 때 마피아에 견줄 수 있기 때문에 그러한 농담을 했는데, 상당히 기분이 나빴습니다.

그다음 날 우연치 않게 정치학 박사를 하는 미국인 친

구를 만났습니다. "그런 이야기를 들었는데 대단히 기분이 나쁘더라. 미국의 경우는 국민들이 그렇게 똑똑한 것 같지도 않고 우리나라보다 더 나은 것 같지도 않은데 임기가 끝나고 잡혀가는 대통령도 별로 없고 평균적으로 봐서 국민들로부터 추앙받는 대통령이 훨씬 많은 것 같은데 그 이유가 뭐라고 생각하느냐?" 하고 물어보았습니다. 이 친구가 한 십 분 정도 곰곰이 생각하더니, "아마 목표의 차이 때문이 아닌가 싶다." 했습니다. 미국의 대통령은 좋은 대통령으로 기억되는 것이 목표라고 합니다. 좋은 대통령으로 기억되기 위해서는 국민을 위해서 정치를 해야 하는 것이 그 수단이 되는 것이지요. 그런데 한국 같은 경우는, 국민을 위한 정치라기보다는 자신과 자기 측근들, 즉 자기를 대통령으로 만들어준 사람들을 위한 정치를 하기 때문에 항상 끝이, 국민들을 희생하고 자기 주변 사람들을 돌봐주는 형태가 되는 것 같습니다. 극단적으로 해석하면, 미국의 대통령들은 자기를 희생하고 나라를 위하는 반면에, 우리나라의 대통령들은 (모두는 아니겠지만) 자기와 자기 가족, 친지들을 위하고 국민들을 희생하는 잘못된 선택으로 인해서 우리나라가 굉장히 어려움을 겪었던 것 같습니다.

  윤 고수님께서 생존 부등식에 대해서 말씀을 해주셨는데, 기업이 이러한 생존 부등식을 만족시키기 위해서는 가치는 증대를 시키고, 비용은 낮추는 이런 노력을 해야 할 것 같습니다. 현재 경영학 쪽에서 기업 경영에 대해서 어떠한 노력을 하고 있는가를 보면, 우선 가치창출 분야의 경향을 살펴보면 연결 고리 부분에 대한 투자를 많이 하고 있는 것 같습니다. 기업 내부에서 보면 부서 간의 협력, 전체를 보면 기업 간의 협력을 통해서 벽을 허물어서 시너지를 만들어서 가치를 창출하는 노력을 많이 하고 있습니다. 상생경영과 같은 것이 그런 부분에 해당할 것 같습니다. 그리고 이제까지는 대부분 물질적인 가치를 어떻게 극대화하느냐에 대한 연구가 많이 진행되어 왔는데, 요즘에 와서는 직접적인 물질적인 가치가 아닌, 비물질적인 가치, 즉 정신적 가치라든지 사회적 가치 등을 많이 추구하는 경향이 있습니다. 그 예로 지속가능한 경영, 지속가능한 성장, 윤리 경영, 녹색 성장 등이 경영학 쪽에서 발전하고 있습니다.

두 번째로, 비용 감수 방면에서의 경향성을 보면, 제가 전공하는 것이 생산이어서 이쪽 분야에서 많은 연구를 하고 보게 되는데, 기본적으로 인간이 하는 노동 같은 경우는 기계나 로봇에 의해서 대체가 되면서 효율성이 증대가 되고 있는 것 같습니다. 사람이 하던 일을 기계나 로봇이 하는 것이죠. 그런데 육체적인 노동을 기계나 로봇이 대체하는 것에서 그치는 것이 아니라, 정신적인 노동 부분도 컴퓨터나 소프트웨어에 의해서 대체되는 현실입니다. 특히 반복적이거나 정형화된 의사결정 같은 경우에는, 기업의 축적된 자료를 바탕으로 소프트웨어가 데이터를 처리해서 의사결정을 하는, 의사결정이 자동화되는 단계로 넘어가고 있습니다. 이런 상황에서 '인간이 담당할 수 있는 고유한 역할은 무엇인가?'를 생각해보면, 결국은 창의적인 부분밖에 없는 것 같습니다. 창의적인 의사결정을 할 수 있는 능력, 변화에 대처하는 능력, 이런 것들이 결국 인간이 가지고 있는 '네이키드 스트렝스'가 되지 않을까 하고 생각합니다.

'네이키드 스트렝스'도 기업마다 그리고 나라마다 다른 것 같습니다. 삼성, 일본의 토요타 자동차, 미국의 카지노 기업의 그것은 다를 것입니다. 경쟁력이라는 것이 비용에서도 나오고, 품질에서도 나오고, 규모에서도 나오고, 고객화에서도 나오고, 즉 다양한 '네이키드 스트렝스'가 존재할 수 있습니다.

나라마다 다른 경우의 예로 월마트를 들 수 있습니다. 월마트는 한국에 진출했다 실패한 기업이지만, 미국에서는 가장 성공한 판매업체입니다. 월마트가 미국에서 가지고 있는 '네이키드 스트렝스'는 '물류의 효율성'입니다. 남들보다 훨씬 더 빠른 재고 회전을 통해서 훨씬 더 많은 매출을 올리기 때문에 가격을 낮추더라도 높은 수익성을 보장할 수 있는 것입니다. 미국에서 월마트는, 샘 월튼이라는 창립자가 죽으면서 부인과 자식들에게 똑같이 N분의 1로 재산을 나누어준 후 전 가족이 모두 세계 10대 갑부에 들어갔을 정도로, 규모가 큰 회사입니다. 그렇게 굉장히 큰 성공을 거둔 기업이 한

●지속가능한 성장과 녹색성장

지속가능한 발전Sustainable Development 또는 지속 가능한 개발은 환경을 보호하고 빈곤을 구제하며, 장기적으로는 성장을 이유로 단기적인 자연자원을 파괴하지 않는 경제적인 성장을 창출하기 위한 방법의 집합을 의미한다. 처음 용어가 등장한 것은 1987년에 발표된 유엔의 보고서 〈우리의 미래〉였으며, 이에선 "미래 세대가 그들의 필요를 충족시킬 능력을 저해하지 않으면서 현재 세대의 필요를 충족시키는 발전"으로 정의되었다. 녹색성장은 성장을 녹색화하는 한편 녹색을 성장으로 적극 이용함으로써 '녹색'과 '성장'을 서로 배타적인 개념이 아니라 서로 상생하는 것으로 파악하는 것이다. 따라서 환경을 파괴하면서 성장을 도모하는 정책은 결코 녹색성장이 아니다. 즉 환경을 파괴하는 정책은 아무리 경제적 효과가 뛰어나더라도 결코 녹색성장 정책이 아니다. 물론 녹색성장 정책이 지속가능한 발전을 보장하는 것은 결코 아니지만 그렇다고 해서 지속가능한 발전을 반드시 저해하는 것은 아니다. '녹색성장'은 두 가지 목표를 지향하고 있다. 첫째는 생산과 소비 등 모든 경제활동 과정에서 오염물질과 온실가스 배출을 최대한 줄이고 자연환경의 파괴를 최소화함으로써 지속가능한 발전을 이룩하는 것이고, 두 번째는 환경과 에너지 분야의 시장을 새로운 성장 동력으로 활용하는 것이다. 따라서 지속가능한 발전을 저해하는 성장은 녹색성장이라고 볼 수가 없는 것이다. 물론 이 두 가지 목표 중 후자에 보다 초점이 맞추어지고 있는 것은 사실이다. 이는 세계 경제의 패러다임이 환경과 에너지 중심으로 전환되고 있어 이 두 분야에서 새로운 성장의 기회를 찾는 것이 대단히 중요하기 때문이다. (출처: 한기주 (2009) '녹색성장' 개념에 대한 올바른 이해, 〈투데이에너지〉 2009년 05월 26일자)

국에서는 실패했습니다.

　　　그 이유는 한국과 미국 시장의 차이 때문입니다. 일단, '물류의 효율성'이라는 것은 '규모의 경제', '스피드의 경제'에서 나오는데, 우리나라의 시장은 미국에 비하여 대단히 작습니다. 그다음에 미국 소비자들에 비해 한국 소비자들이 훨씬 더 까다로운 것 같습니다. 미국의 월마트 매장에 가보신 분들은 매장이 대단히 엉성하다고 느끼실 것입니다. 반면에 한국에서 성공한 이마트 등의 대형 매장들은 대단히 깔끔하고 고객 친화적이며 고급제품도 많이 전시하고 있는 특성이 있습니다. 이와 같이 같은 산업에 속해있는 기업이더라도 어느 나라에 있느냐에 따라 '네이키드 스트렝스'가 달라지는 것 같습니다.

　　　이제까지 여러 가지 '네이키드 스트렝스'에 대해서 말씀을 드렸는데, 덧붙여서 서울대 학생들의 '네이키드 스트렝스'에 대해서 잠깐 말을 하겠습니다. 오세정 선생님이 말씀하신 것과 관련이 있는데, 기업에 가 있는 경영학과 동기들로부터 서울대 학생들에 대한 평을 들어보면 "능력은 있는데 사회성이 부족하고 희생정신이 부족하다." 하는 거의 공통적인 평가를 듣습니다. 능력이 있다는 것은 누구나 인정을 하지만, 우선 남들과 커뮤니케이션을 하는데 문제가 있고, 그다음에 자기가 손해 볼 일은 하지 않는다는 것입니다. 문제는 이런 점들이 조직에서 성공하기 위해서는 꼭 갖추어야 할 조건이라는 것입니다. 서울대 학생들이 이런 특성을 보이는 것은 서울대의 학생 선발기준과도 관련이 있는 것 같습니다. 공부를 잘하는 학생은 대부분 사교성이 없습니다. 그런데 사교성이나 친화력, 리더십 등을 보지 않고 사람을 뽑을 경우, 그런 사람들을 아무리 대학에서 공부를 시킨다고 하더라도 나중에 졸업할 때, 리더십 있고 사교성이 있는 사람이 되기는 대단히 어려운 것 같습니다. 뽑을 때부터 공부만이 아니라, "얼마나 다른 활동을 많이 했느냐, 얼마나 리더십을 보이느냐."와 같은 것들도 중요한 사항으로 고려해야 한다고 생각합니다.

그리고 또 하나 훌륭한 경영자가 되기 위해 갖추어야 하는 조건 가운데 하나가 신뢰도입니다. 평소의 교류를 통해 내가 상대방에게 얼마만큼 믿음을 주었느냐에 따라 성공한 경영자와 실패한 경영자가 나누어지는 경우가 많이 있습니다. 여러분들이 희생정신을 갖추지 못할 경우 신뢰를 구축하는 것은 대단히 어렵다고 생각합니다. 윤 교수님께서 말씀하신 큰 희생에 대해서 자신과 관계없는 일이라고 생각하지 마시기 바랍니다.

마지막으로 간단한 질문을 드리면, 윤 교수님이 계속 변화하고 계십니다. 선생님 계획상으로 언제까지 변하실 것인가요? (웃음) 저희는 어느 정도까지 하면 조금 쉬어도 된다고 생각했는데 선생님께서 하시는 것을 보니 전혀 그런 것 같지 않습니다. 그리고 제가 학교를 다닐 때, 선생님께서 경영학의 미래에 대해서 여러 번 말씀을 해주셨는데, 그때 선생님의 생각과 지금의 생각이 변화가 있는지 궁금합니다.

●윤석철 교수 : 위험이 큰 것과 작은 것을 결합했더니 오히려 위험이 증폭이 되었다는 이야기를 박상욱 교수가 하셨는데, 그것은 아마 두 가지 다른 성격의 것을 결합한데서 오는 '복잡성complexity' 때문일 것입니다. 복잡성의 폐해를 설명하기 위해 최근 신문지상에 크게 실렸던 케이스를 하나 상기해 봅시다. 얼마 전 한 연쇄살인범이 "자기의 범행 과정을 책으로 출판해서 내 아들이 인세를 받게 해주고 싶다." 하는 것을 들었습니다. 이 사람의 머릿속이 얼마나 복잡하면 이런 생각을 하겠습니까? (좌중 웃음) 인간의 머릿속이 복잡해지다보면 선악의 판단도 흐려지기 마련입니다. 이런 관점에서 '복잡성'을 낮추고 '단순성'을 회복하는 일은 21세기가 해결해야 할 과제입니다. 자동차 평가 전문기관인 J. D. Power에서 나온 데이터를 보고 놀란 적이 있습니다. 자동차 품질을 평가하는 주요 기준의 하나인 불량률 데이터를 보면, 자동차 100대당 불량 건수가 자동차 산업 전체의 평균은 124인데, 벤츠, 아우디, BMW 같은 고급 승용차의 경우는 193입니다. 고급 승용차로 갈수록 불량률이 높아진다는 보고서였습니다. 그 이유는 고급 승용차로 갈수록 그 구조가

복잡해지기 때문입니다. 작은 칩 속에서 무수히 많은 전자가 움직이고 있는데, 이 전자들이 복잡한 회로 속에서 '불확정성 원리'의 영향으로 얽히면서 사이드 미러나 의자가 저절로 왔다갔다하는 경우까지 있었습니다. 제품이 복잡해지면 소비자가 제품을 판단하기도 어려워집니다. 파생 상품도 너무 복잡해서, 어떤 상품은 전문가들도 이해하기 힘듭니다. 그럼 소비자는 더욱 힘들겠죠. 복잡성 때문에 일어나는 부작용이 많습니다.

그래서 저는 단순화하기 위해서 노력합니다. 어떤 사람이 "어떻게 문학, 물리학, 공학, 경영학 등 많은 영역을 공부할 수 있었습니까? 비결이 뭔가요?" 한 적이 있습니다. 답은 간단합니다. 다른 일은 아무 것도 안 하고, 공부만 합니다. 술도 담배도 안 하고 골프도 안 하고, 카드놀이도 손대본 적이 없습니다. 생활이 정말 단순합니다. 복잡하지 않으니까 사고가 안 납니다. 여러분, 연애할 때도 생각 복잡하고 말 복잡한 사람은 때려치워 버리십시오. (청중 웃음)

'자기 희생'에 대해서 말씀하셨는데, 강의가 너무 딱딱해졌으니까, 좀 재미있는 이야기 하나만 하고 끝내겠습니다. 흔히 우리나라 오천 년 역사 속에 대표로 내놓을 만한 학자로 퇴계와 율곡을 거론합니다. 그래서 저도 이 두 분의 저서를 봤습니다. 이기일원론과 이기이원론을 둘러싼 논쟁인데, 제가 생각하기에는 기가 무엇인지 제대로 아는 사람이 없는 상태에서 정답이 있을 수도 없고, 기가 하나면 어떻고 두 개면 어떤가 하는 생각이 들었습니다. 나는 퇴계나 율곡의 학문적 업적을 인정하기 어려웠습니다. 그러다가 최근에 어느 책(《연려실기술》로 기억합니다)을 읽다가 '학문적인 업적은 없지만 이분들을 존경해야겠다' 하는 생각을 했습니다.

퇴계 선생의 아들이 21살에 죽었습니다. 아들이 먼저 죽는 것은 불우한 일입니다. 아들이 죽을 때, 며느리는 청상에다 자식도 없었습니다. 그 당시엔 개가를 철저히 금기시하였습니다. 퇴계 선생은 홀로된 며느리가 안쓰럽고 걱정이 되어서 한밤중에도 경비원처럼 집안을 돌며 살펴보곤 했습니다. 그러던 어느 날 퇴계 선생이 집안을 둘러보고 있는데, 며느리 방에 불이 켜져 있고 도란도란 이야기하는 소리가 들렸습니다. 놀란 다음에 퇴계 선생은 체면을 무릅쓰고 문틈으로 며느리의 방을 엿보았습니다. 며느리는 술상을 차려놓고 짚으로 만든 허수아비 인형과 마주앉아 있었습니다. 평소 그림을 잘 그렸던 며느리는 허수아비 얼굴에 죽은 남편의 얼굴을 그려놓고, "여보 한잔 드세요." 하면서 흐느껴 울고 있더랍니다. 퇴계 선생은 과부 된 며느리의 아픔을 생각했습니다.

"도덕은 무엇이고 양반 가문의 윤리가 뭐냐. 저 어린 아이가 오죽 고독하면 저럴까?" 하며 퇴계 선생은 다음날 막역한 친구인 사돈을 불렀습니다. "미안하지만 자기 딸을 데리고 가게!" 사돈이 "아니 내 딸이 무슨 잘못이라도 했는가?"

했습니다. "아니 자네 딸이 잘못한 것은 하나도 없네. 그러나 무조건 데려가게!"

그때는 양반 가문에서는 딸이 시집갔다가 돌아오는 것은 수치였습니다. 사돈은 "그건 안 되네. 우리 집 사정도 생각해주게." 했습니다.

"나는 더 할말이 없네. 자네 딸이 며느리로서는 참으로 부족함이 없는 아이지만, 무조건 데리고 가게!" 이렇게 해서 퇴계 선생은 사돈과 절연을 하고 며느리를 돌려보냈습니다.

몇 년 후, 퇴계가 한양을 가는데 길을 걷다가 날이 저물어서 조용한 동네로 들어갔습니다. 당시에는 날이 저물면 근처 집에 들어가서 자고 돈도 안 내고 그 이튿날 가곤 했습니다. 참 인심이 좋은 시절이었지요. 퇴계도 한 집을 택하여 하룻밤 머물기를 청했습니다. 그 집에서 저녁상이 나왔습니다. 퇴계가 상을 받아보니까 예전에 개가시킨 며느리가 자기 입맛에 맞게 밥상을 차렸던 것 같았습니다. 반찬 하나하나가 퇴계 선생이 평소에 좋아하는 것들이었고, 반찬의 간도 선생의 입맛에 맞도록 조리되어 있었습니다. '혹시 옛날 내 며느리가 이 집에 사는 것은 아닐까' 하는 생각이 들었습니다. 그 이튿날 아침상도 마찬가지였습니다. 아침 식사를 마치고 떠나려는데 남자 주인이 버선 두 켤레를 가지고 와서 "한양 가시면서 신으세요." 하였습니다. 신어보니 자신의 발에 꼭 맞았습니다. '아! 며느리가 이 집에 와서 사는 게 틀림없구나!'

● 퇴계 이황와 율곡 이이

퇴계 이황李滉, 1501~1570은 조선 중기의 문신이자 성리학자다. 이동설理動設, 이기호발설理氣互發設 등 주리론적 사상을 형성하여 주자성리학을 심화, 발전시켰으며 조선 후기 영남학파의 이론적 토대를 마련했다. 율곡 이이李珥, 1536~1584는 조선 중기의 문신이자 학자. 아버지는 사헌부감찰 이원수이고 어머니는 사임당 신씨. 이이는 1558년 23세 되던 해에 예안의 도산으로 가서 당시 58세였던 이황을 방문했다. 그 뒤로 여러 차례 서신을 통하여 경공부敬工夫나 격물格物, 궁리窮理의 문제를 왕복 문답했다.

이황의 성리학은 정주와 주자가 체계화한 개념을 독자적으로 발전시켜 이理를 보다 중시하는 이기이원론理氣二元論의 특성을 가지고 있다. 그는 이를 모든 존자의 생성과 변화를 주저하는 우주의 최종적 본원이자 본체로 규정하고 현상세계인 기를 낳는 것은 실재로서의 이라고 파악했다. 그는 주자의 이해와는 달리 기와 마찬가지로 이가 동정動靜하고 작위作爲하는 성질을 가지고 있다고 보았다. 반면에 이이는 이는 무형무위無形無爲한 존재이며 기는 유형유위有形有爲한 존재로서, 이는 기의 주재자主宰者이고 기는 이의 기재器材라고 보았다. 즉 이는 이념적 존재이므로 시공을 초월한 형이상적 원리로서 만물에 공통적인 것이며, 기는 질료적, 작위적 존재로서 시공의 제한을 벗어나지 못하는 형이하적 기재로 국한적인 것이다. 이처럼 이이는 이황과 달리 이의 능동성을 부정하여, 이와 기는 서로 독립해서 존재하는 것이 아니며 떨어질 수 없는 것으로 보았다. 다만 이와 기의 성질을 구분하여 형이상, 형이하라고 하는 것이다.

●연려실기술燃藜室記述

조선 후기의 학자 연려실 이긍익李肯翊 1736~1806이 지은 조선시대 야사총서野史叢書이다. 필사본으로 되어 있으며 59권 42책이다. 저자가 부친의 유배지인 신지도薪智島에서 42세 때부터 저술하기 시작하여 타계할 때까지 약 30년 동안에 걸쳐 완성하였다. 400여 가지에 달하는 야사에서 자료를 수집·분류하고 원문을 그대로 기록하였다.

 퇴계 선생은 확신을 하게 됐습니다. 밤을 지새워서 옛날 며느리가 퇴계를 위해 버선을 만든 것입니다.

 여기서 저는 퇴계 선생의 위인됨을 발견했습니다. 퇴계는 남편 잃은 며느리의 아픔을 생각해서 당시 도덕성의 기준이고 사회적 관행인 '개가 금지'를 깨고 시집을 보낸 것입니다. 이 일로 인해서 퇴계는 유림들로부터 비난을 많이 받았습니다. "어떻게 양반이 며느리를 개가시키느냐? 그것이 무슨 유림이냐?" 그런 비난을 다 받으면서도 며느리의 아픔을 이해하는 감수성의 발로로 개가를 시켰던 것입니다. 감수성뿐만이 아니라 퇴계는 '자기희생'의 실천자였습니다. 당시 가사노동의 가장 큰 원천이 며느리였습니다. 며느리를 붙들고 있으면 퇴계 자신과 집안일 처리에 많은 도움이 됨에도 불구하고 개가시켰던 것입니다. 퇴계 선생은 자기의 뛰어난 지성을 실천으로 옮긴 위인이라고 생각했습니다.

21세기를 살아갈, 이 나라의 지도자가 될 서울대 학생들 여러분, 지도자는 남의 아픔과 필요와 정서를 인식할 수 있는 감수성, 그리고 희생정신을 실천하기 위해 노력해야 할 것입니다. 이 두 가지 덕망이 없으면 지도자가 될 수 없습니다. 감사합니다.

(박수)

●청중과의 대화

●여정성 교수 : 여러 가지 좋은 말씀을 해주셔서 감사합니다. 시간이 조금 남아, 잠깐 플로어에서 질문을 받기로 하겠습니다.

운이란 지독한 집중에서 오는 필연

●청중 1 : 우선 윤 교수님 강의 정말 감명 깊게 들었습니다. 윤 교수님과는 30년 전에 경영대학에서 최고경영자 과정에서 만났습니다. 그 후 지난 30년간 정기적으로 뵈어왔습니다. 30년 동안 만날 때마다 새

로운 것을 가지고 오십니다. 이야기를 들으면서 생각난 일을 이야기하겠습니다. 카이스트 이사장이 되신 IT산업의 대부 정문술 이사장님을 2주 전에 만나 뵈었습니다. 자서전에 따르면, 그분은 공무원 생활 18년차였던 45세에 새로운 사업을 착수해서 우리나라 최고의 성공 사례를 만들었고, 게다가 기업인의 사회 환원이라고 해서 십 년 전에 3백억을 카이스트에 기부했습니다. 당시로는 획기적인 기부였습니다. 그 돈을 카이스트에 내놓으면서 조건을 걸었습니다. IT산업과 BT산업과 기존 굴뚝 산업을 통합한 과를 만들어 달라는 것입니다. 요즘

은 통합과에 대해서 많이 논의되지만 그 당시만 해도 카이스트 교수들도 이해를 못했다고 합니다. 그 과는 오늘 현재 세계적인 과가 되었습니다. 자서전에 따르면, 자기 회사 신입직원이 어디서 책을 읽고 그런 이야기를 했는데, 혈기 찬 젊은이의 말이라고 받아들였다가, 며칠간 가만히 생각해보니 의미가 있을 것 같다는 생각이 들었다고 합니다. 직접 조사를 해보니까, 앞으로는 우리가 IT가 제대로 되려면 융합이 되어야겠다고 해서 과를 만들었습니다. 그 책에 여러 가지 이야기가 있지만, "운이란 지독한 집중에서 얻어지는 필연이다." 하는 말이 있습니다. 참고해 주시기 바랍니다.

어떤 책을 읽어야 할까요?

●청중 2 : 문학에서 인생과 경영을 배운다는 말씀을 했는데, 20대 초중반의 청년으로 서적을 가리지 않고 끌리는 대로 많이 보는 경향이 있는데, 문학을 선택한다면 어떤 기준으로 어떤 책을 선정하시는지  궁금합니다. 예를 들어서, 특정한 저자가 마음에 들어서 그 사람 것을 모두 읽었다든지, 아니면 '서울대가 선정한 권장도서 100권'은 무조건 읽는 것이 좋다든지, 선생님께서 문학 작품을 어떻게 선정하시고, 그 작품을 어떻게 실질적으로 삶과 학문에 연결시킬 수 있었는지 간단히 말씀해주시면 대단

히 감사하겠습니다.

●윤석철 교수 : 그 질문에 대한 답변은 우선 문학을 전공하신 강창우 교수님께 부탁드리죠.

●강창우 교수 : 글쎄요. 사람마다 독서하는 방식이 다르고, 그래서 권장하는 책도 많이 다른 것 같습니다. 서울대학교에서 권장도서 100권으로 선정한 책이라면 읽어보시면 좋을 거라고 생각합니다. 제 경우  에는 제 관심을 많이 끄는 책이 저에게 더 많이 기억에 남고 도움이 되었던 것 같습니다. 다른 한편으로 어떤 책이 관심을 끈다는 것은 그 책이 그 당시 그 사람이 당면해 있는 문제와 직결되어 있다는 것을 의미하는 것 같습니다. 한때는 별 감명을 못 받았던 책도 나중에 봤을 때 대단히 가슴에 와닿는 경우도 있습니다. 만일에 제 지도학생이 "책을 읽어야 하는데 어떤 책을 읽어야 합니까?" 하고 묻는다면, 특정한 책을 지정해 주기보다는 이러한 원론적인 이야기를 해주지 않을까 싶습니다. 특정한 책을 지정해 달라고 한다면 서울대학교가 선정한 명작 100권이 출발점 정도가 되지 않을까 싶습니다. 저

는 그 100권을 다 읽어야 될지에 대해서는 잘 모르겠습니다.

●윤석철 교수 : 오세정 교수님, 자연과학 분야에서도 학생들이 지혜를 얻을 수 있는 책이 많을 텐데, 말씀해 주시죠.

●오세정 교수 : 시험 보는 것 같습니다. (웃음) 저는 사실 닥치는 대로 읽습니다. 저의 커다란 문제 가운데 하나인데, 고등학교 때 입시 준비를 하면서 모든 과목을 다 잘해야 한다는 강박관념이 생겼던 것 같  습니다. 완벽해야 한다는 생각이 있어서, 예를 들어 '서울대학교 권장도서 100권' 하면 '저 책을 다 읽어야지.' 하는 생각으로 시작하니까, 잘 되지 않을 뿐만 아니라 기억에도 잘 안 남았습니다. 의무감으로 읽는 것은 별로 남는 것이 없는 것 같더라고요. 그래서 서점이나 신문에서 보고 마음에 드는 책부터 읽는 것도 좋은 방법일 것입니다. 어떤 사람이 모든 분야에 능통할 수는 없으니, 자신이 관심 있는 분야, 자기가 잘하는 분야의 책에 대해서 많은 것을 느낄 수 있을 것이고, 그러다 보면 이것도 조금 더 알고 싶다는 생각이 들 때도 있을 것입니다. 그런 과정을 거쳐 조금씩 읽는 책의 범위가 넓어질

거라고 생각합니다. 결국은 자기의 근거지인 둥지부터 시작해서 넓혀가야지, 커다란 분야를 처음부터 익히는 것은 불가능할 뿐만 아니라 좋은 방법이라고 생각하지 않습니다.

선배들로부터 추천을 받는 것도 좋은 방법

●박상욱 교수 : 저는 대학 다닐 때 책을 조금 많이 읽었습니다. 경영학이 대단히 건조한 학문이라고 생각을 했기 때문에, 다른 부분을 보충하기 위해서 인문학이나 사회학 책들을 읽었습니다. 저의 경우는 제가 경  험하지 않은 분야에 대해서 자세하게 쓴 책을 선호했던 것 같습니다. 저희가 대학을 다닐 때는 책이 그리 많지 않았기 때문에 일반적으로 추천도서나 서점에 비치되어 있는 베스트셀러 같은 것을 사서 읽었습니다. 그때는 열 권 중의 아홉 권은 좋은 책이라는 생각을 했습니다. 요즘 아들을 데리고 서점에 가면 소설책 등을 사는데, 열 권 정도 읽으면 한두 권 정도 괜찮고 나머지는 '이렇게 소설을 쓰나?' 하는 생각이 들 정도로 실망스러운 느낌이 듭니다. 그런 점에서 오히려 지금이 학생들이 책을 선택하기 어려운 시기라는 생각이 듭니다. 어떤 분은 "요새 책은 다 읽으면 안 된다. 책의 일부분, 즉 필요한 부분만 읽고 나머지는 버려라." 하기도 합니다. 저는 책을 읽으면 처음부터 끝까지 읽는 스타일이어서 간혹 책을 읽으

면서 시간 낭비를 하고 있다는 생각이 들 때도 있습니다. 그래서 선배들한테 좋은 책을 추천을 받는 것이 좋을 것 같습니다. 요즘은 마케팅이 워낙 발달이 되어 있어서 신문이나 인터넷의 정보를 바탕으로 선택하는 것은 제가 보기에 그리 좋은 방법은 아닌 것 같습니다.

서울대학교『권장도서 해제집』도 좋은 출발점

●여정성 교수 : 아까 말씀하셨던 '서울대학교 권장도서 100권'을 선정하는 작업에 제가 관여했었습니다. '서울대학교 권장도서 100권'을 선정한 후에 해제집을 발간했는데, 저는 학생들에게 그 책부터 추천을 드리고 싶습니다.  백 권을 선정하는 것은 거의 불가능한 작업이었습니다. 예를 들면, 셰익스피어의 경우 그 많은 좋은 작품 가운데 한 작품밖에는 넣지 못했습니다. 그래서 해제집 작업을 하면서, 그 분야에서는 가장 명성이 높으신 서울대학교 교수님 90분을 모셔서, '100권'에 들어간 책에 대해서 설명을 해주시고 동시에 "그 책을 읽고 나서, 혹은 읽기 전에 어떤 책을 읽는 것이 좋을 것 같다." 하는, 일종의 독서지도를 담은 원고를 부탁드렸습니다. 시간이 나시면 해제집을 보시면서 어떤 책을 읽을지 정하는 것도 좋을 것 같습니다. 굉장히 좋은 길잡이라고 생각하고, 성의 있게 잘 써주셨습니다. 서울대학

교출판문화원이 출판한 책 가운데 판매부수가 아주 많은 책이고, 처음에 만들면서 우려했던 바와 같이 입시용 도서로 팔리는 부작용도 있었지만, 저희가 목표로 삼았던 것은 서울대학교 구성원이 평생을 걸쳐서 저 책만큼은 읽어야겠다는 생각이라도 할 수 있게 하자는 취지에서 만든 책입니다. 그 책을 책읽기의 출발점으로 적극 추천합니다.

위인전을 읽으면서 가장 많이 배움

●윤석철 교수 : 네 분 교수님께서 훌륭한 조언을 해주셨습니다. 저도 많이 배웠습니다. 여기에 제가 조금 보태면. 개인적으로 저는 위인전에서 가장 많은 것을 배웠습니다. 어려서부터 위인전을 읽으면서 '나도 이렇게 되어야지.' 하는 다짐을 했고, 지금도 위인전을 퍽 좋아합니다. 그리고 역시 '고전'으로 평가받는 책을 추천하고 싶습니다. 그 이하는 읽을 시간도 없을 것입니다. 위인전과 고전을 많이 읽어주시기 바랍니다.

●여정성 교수 : 감사합니다. 세 시간 동안 정말 많은 내용을 다루어주셨습니다. 오늘 특별히 선생님을 모시고 '소버'와 '네이키드 스트렝스'라는 개념에 대해 생각해 보

았습니다. 그리고 마지막에는 '감수성'의 중요성을 강조해 주셨습니다. 함께 해 주신 선생님 세 분께 먼저 감사드리고, 더불어 세 시간 동안 끝까지 자리를 지켜주신 청중 여러분께도 정말 감사드립니다. 이렇게 좋은 날씨에도 불구하고 세 시간 동안 경청해 주신 여러분이 바로 항상 깨어있고, '네이키드 스트렝스'를 만들고자 노력하시는 분들이라고 믿어 의심치 않습니다. 감사합니다.

(청중 박수)

제3부 : 보면서 읽다

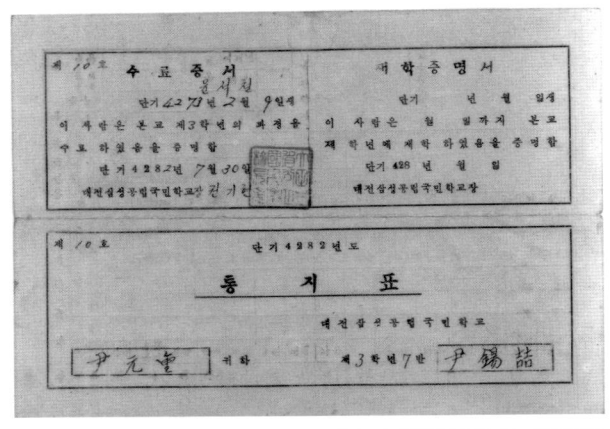

초등학교 3학년(1949년) 때와 5학년(1951년) 때 성적표가 어떻게 남아 있다.
3학년 때는 6.25 전쟁 발발 1년 전이고, 5학년 때는 1년 후였다. 당시는 집집마다
어린이들이 많고 국가의 교육예산 부족으로 학교 수는 적을 때라서 3학년 1학기는
학급 학생 수가 85명이었다가, 2학기에는 학급 하나를 더 늘려서 학생 수가
71명으로 줄었다. 이런 학급이 일개 학년당 8~9개였으며, 아침 조회 시간에 교장
선생님께서 우리 학교 학생 수가 모두 3,771명이라고 말씀하신 기억이 난다.
당시는 학교에서 치르는 시험이 주로 주관식이었고, 채점기준이 엄격해서 점수가
박한 편이었다. 그래서 85명 중 1등짜리 성적 평균이 92점밖에 안 됐던 것 같다.

5학년 때는 6.25 전쟁 발발 후이지만 전쟁이 3년 동안 지속됐으므로 아직 전시 중이었다. 따라서 학교 교사와 운동장은 미군부대에게 내주고, 학생들 수업은 이곳 저곳 다니며 어느 쓰지 않는 공장이나 창고를 찾아 거기서 맨바닥 위에 앉아 했다. 5학년 때 성적표의 특이한 점은 학과 과목 이름이 모두 한문이며, 오른쪽에서 왼쪽으로 썼다는 것이다. 물론 국민학교에서 한문을 가르쳤기 대문에 학생들이 읽는 데 문제는 없었다.

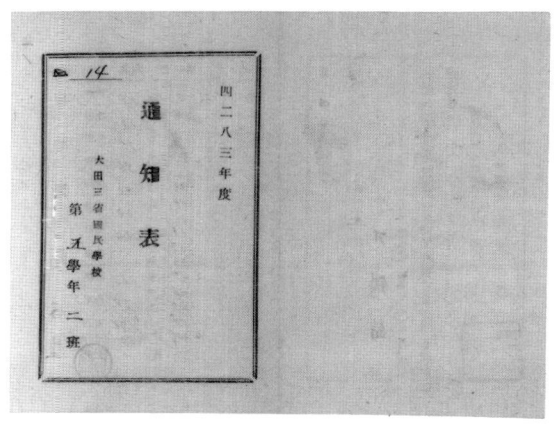

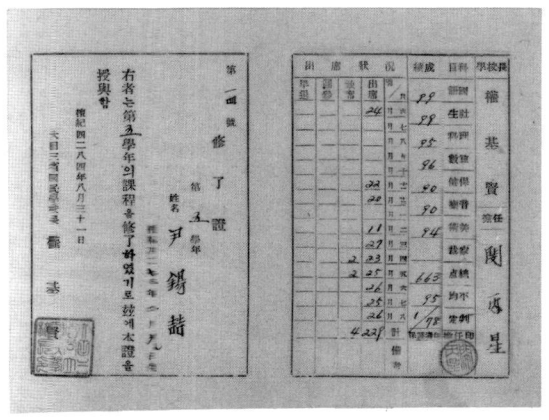

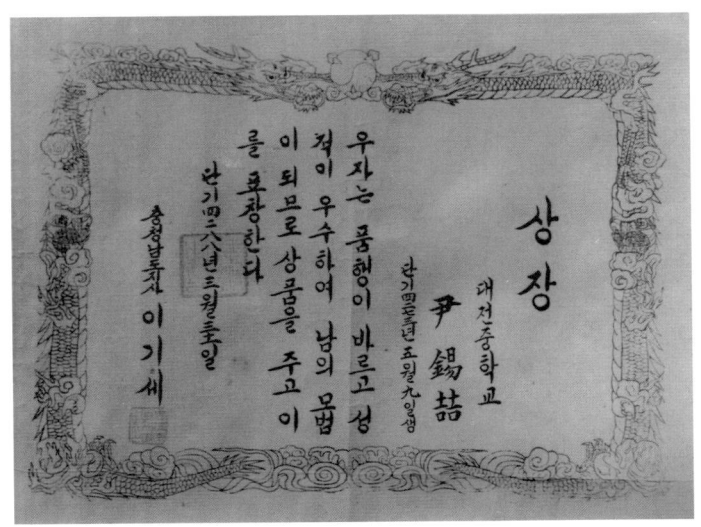

중학교 졸업식 때 전교 수석졸업자에게 (도청에서 주는) 도지사 상이 수여됐다. 부상은 당시 막 나오기 시작한 (인디아나 지에 인쇄한) 영어사전 1권. 가난했던 시절로서는 귀한 물건이었다. 중학교 때도 학교 건물과 운동장은 미군부대에게 내주고, 학생들 수업은 가건물을 지어서 책상과 걸상은 없이 교실 바닥에 앉아 하루 8시간의 수업을 들었다. 중학교 때 배우는 학과목 수는 20개가 넘었으며 인문계 중학교에서도 농업, 상업, 습자(서예) 같은 과목을 가르쳤다. 당시에도 가장 중요한 과목은 영어와 수학이었으며, 특히 영어 열기가 높아 대전 같은 지방 도시에도 영어회화 학원이 생기고 있었다. 당시 우리나라는 유엔에 가입하지도 못했지만 유엔 창립기념일인 10월 24일은 국경일이었으며, 영어웅변대회 같은 행사가 있었다.

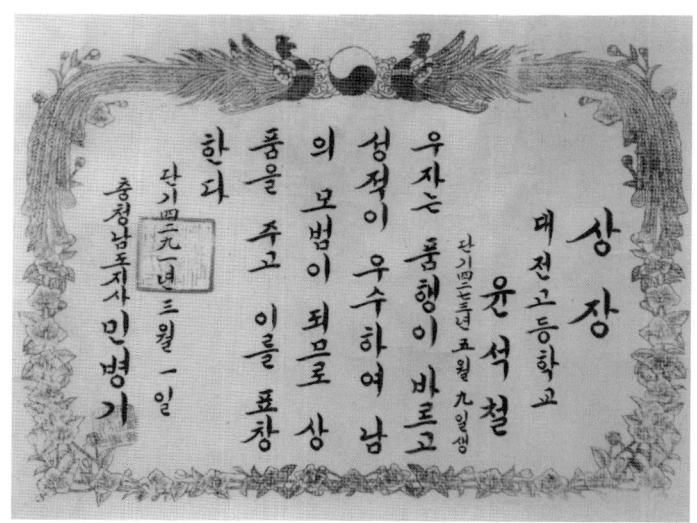

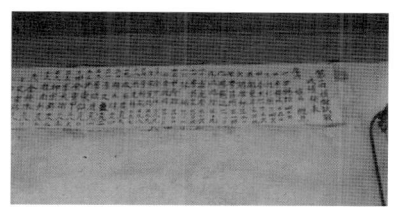

고등학교 시절은 1955년 3월부터 1958년 3월까지 3년간이었는데 그때는 전쟁이
(휴전협정으로) 없었기 때문에 질서가 잡혀가고 있던 시절이었다. 그러나 아직
한국에 TV방송이 없었고, 따라서 연예인 탤런트나, 프로 스포츠 운동선수 같은
젊은이들의 영웅은 없었다. 따라서 고등학생들에게 최대의 가치는 공부 잘해서 좋은
대학에 가는 것이었고, 지방 명문고교 정도만 돼도 학구열기가 대단했다. 3학년이
되면 매월 일제고사 혹은 모의고사라는 이름의 전체 시험을 치러서 그 점수와
순위를 교사 벽에 붙여 발표했다.
1958년 3월 대전고교 졸업생은 641명이었고 중학교 때와 마찬가지로 전체수석
졸업자에게 도지사 상을 주었고 부상은 영어사전 1권이었다. 당시 한국에
아직 카메라가 유행하지 않았기 때문에 수상식 사진은 없고, 졸업식이 끝난 후
사진관에 가서 사진을 찍었다. 사진에 보이는 금시계는 (도청이 아닌) 학교에서
능화상(稜花賞)이라는 이름으로 주는 특별상의 부상이었고, 당시에 한국에서 시계가
생산되지 않았기 때문에 스위스제였다.

서울대학교는 (현재의 관악 캠퍼스로 이전하기 전) 종로구 동숭동에 있었다. 대전의 부모님을 떠나 서울에서 대학을 다닌다는 것은 당시 한국 사정에서는 힘든 4년이었다. 성북동 산기슭에 작은 방을 얻어 자취를 했는데 수도가 안 들어와 멀리 가서 샘물을 길어 와야 했고, 당시 프로판 가스 같은 편리한 시설이 아직 없었기 때문에 밥을 지으려면 그때마다 화로에 숯불을 피워야 했다. 이런 어려운 4년을 거쳐 졸업할 때는 문리과(文理科) 대학(현재의 인문대, 사회대, 자연대로 분리된 모태) 전체 수석이라는 통보를 받았다. 졸업생 중 1명에게만 '총장상'이 주어졌으며 부상은 손목시계였다. 이때는 카메라가 보급돼 있었기 때문에 총장상 수상 현장을 찍은 카메라 사진이 있고, 사진관에 가서 찍은 것도 있다. 당시의 교통 사정으로 부모님이 졸업식에 참석하기가 어려웠다. 당시 고속도로는 없었고, 대전서 서울을 오려면 버스로 약 7시간, 급행 열차로도 5시간이나 걸렸다. 그래서 당시는 대학 졸업식에 시골에 계신 부모님은 참석 못 하는 것이 당연하게 여겨지던 시절이기도 했다.
졸업 후에는 군입대가 기다리고 있었고, 군복무를 마치면 미국 유학이 예정되어 있었기 때문에 졸업은 간단히 지나치는 통과의례 같았다.

군복무를 위해 장교로 입대하면 몸이 좀 편한 대신 복무기간이 길었다. 그래서 외국 유학을 앞둔 사람들은 사병으로 입대해야 했다. 그런데 군에 입대하고 보니 세상살이가 더 편해지는 것 같았다. 서울에서 자취생활을 할 때는 아침 저녁으로 불을 피워 밥을 해 먹는 일이 그렇게도 힘들었지만 군에 입대하니 끼니 때마다 취사반에서 밥을 해놓고 기다리며 나는 먹기만 하면 됐기 때문이다. 또 공부에 신경을 안 쓰니까 그런지 몸무게가 늘었다. 친구(훗날 재무장관이 된 이규성)가 8월 학기 졸업을 하게 되어 휴가 차 나와서 10여 명의 친구들과 찍은 사진에 '우량아 군인'이 하나 보이는 이유도 군대생활이 편하고 만족스러워서였을 것이다. 군복을 입고 물리학과 후배(현재 KAIST교수로 있는 박해용)와 같이 서 있는 작은 사진은 창경원에서 찍은 것인데 이때 생후 처음으로 창경원을 구경했다. (지금은 과천에 가 있는) 창경원은 당시 한국 유일의 동물원이고 봄이면 벚꽃 놀이의 명소였지만 대학 4년 동안 한 번도 못 가보고, 대학졸업 후 군 복무 중 휴가 나와서 처음으로 간 것이다. 감개무량했다.

육군에서 제대하고 유학을 준비하던 중 미국 가면 신부감이 없다 하여 어른들의 주선으로 약혼식(신부 손에 반지를 끼워주는 사진)과 혼인신고를 마치고 다음 날 미국으로 떠났다. 약혼녀로부터 받은 꽃다발을 들고 10여 명의 친구들과 찍은 사진은 당시의 김포공항에서였다. 당시 김포공항에는 국내선은 없고, 국제선으로 노스웨스트(Northwest)와 일본항공(JAL) 두 편이 일본 동경을 다녔다. 미국을 가려면 동경에서 갈아타야 했다.

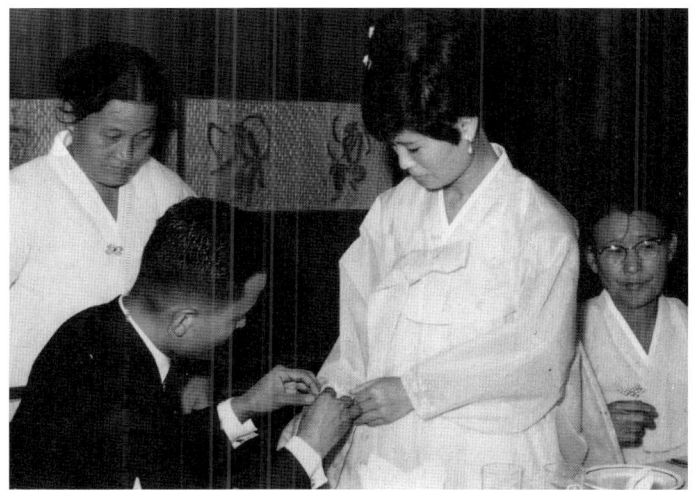

미국에 내려서 처음 놀란 것은 수도 꼭지가 두 개였고 그중 하나에서 더운 물이 나온다는 것이었다. 제일 먼저 머리에 떠오른 것은 '아 이곳은 자취하기 편하겠구나.' 하는 생각이었다. 일 년 후 학교 성적이 괜찮아 학교에서 부인 초청용 F2 비자를 내줬지만, 당시 한국의 외환 고갈로 한국 정부가 여권을 내주는 조건으로 항공료 600달러를 송금해야 했다. 이 조건을 미리 알고 있었으므로 미국에 도착하여 일 년간 자취할 방을 구할 때, 80년 된 목조건물의 3층에 있는 방과 4층 지붕 밑 다락방 사이에 집세가 월 50달러 차이여서 얼른 지붕 밑 방을 구했다. 여름에 덥고 겨울에 좀 추웠지만 일년에 600달러를 마련하는 기쁨으로 그런 것은 문제가 안 됐다.

Mrs. In-hang Kim
requests the honour of your presence
at the marriage of her daughter
Young-sook Kim
to
Mr. Suck Chul Yoon
on Saturday, the sixth of July
nineteen hundred and sixty-eight
at twelve A. M.
at 6 C University Terrace
Columbia, Mo.

일 년 후 대학 채플에서 친구 17명을 초청하여
올린 결혼식에는 양가의 부모님들이 못
참석했기 때문에 신랑 신부가 같이 입장했다.
석사학위 가운을 입고 찍은 사진 속의 부인은
첫 애를 임신하고 있었고, 이 아이가 아기
침대에서 엄마와 사진을 찍은 첫 딸이다.
그 뒤로 아들을 낳았고, 어린 딸과 아들이
묘비 앞에 꽃다발을 놓고 찍은 사진은 세 번째
아기를 낳아 돌도 되기 전에 하늘나라로 보낸
슬픔의 상징이기도 하다.

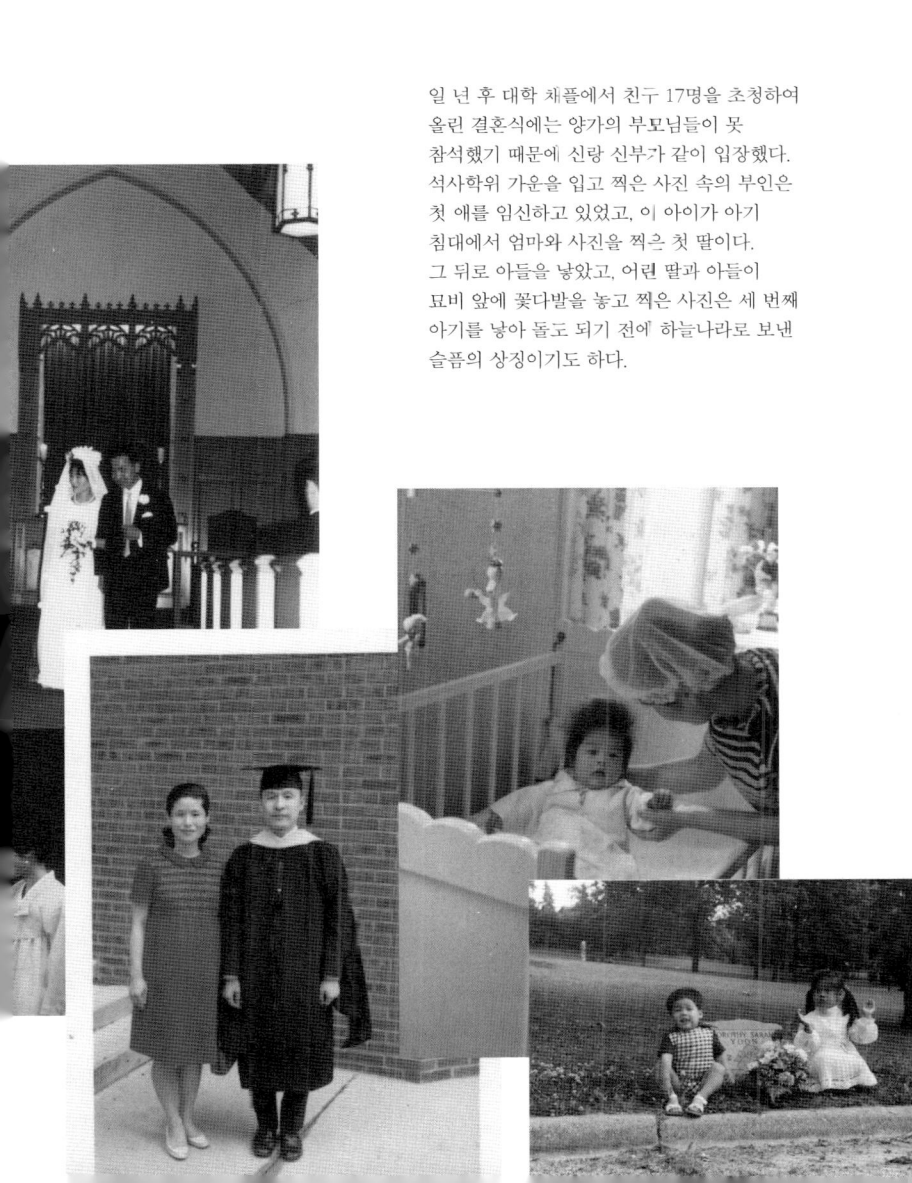

세월이 많이 흘러 첫 딸의 결혼식이 있었고 사진에 나와 있는 신랑은 지금 KAIST 정세영 교수다. 박사학위 가운을 입고 잘생긴 신사와 펜실베이니아 대학 캠퍼스에서 찍은 사진 속의 그 신사는 일본 가쿠슈인(學習院) 대학 카와시마(川島) 교수다. 대학에서 같이 공부하는 동안 절친한 사이였고, 그의 딸은 현재 일본 왕의 차남의 부인(Princess Kiko)이 되어 있다. 결혼식 때 우리 부부를 초대해서 일본 왕궁을 구경했고, 현재의 왕 부부와 우리 부부가 같이 만나 식사와 대화도 나누는 영광을 누렸다. 그의 딸은 지금도 매년 신년이 되면 부군과 두 딸 그리고 어린 아들과 찍은 사진을 연하장으로 보내준다.

恭 Season's Greetings
賀 Meilleurs Vœux
新 Felices Fiestas
禧 Поздравляю
   (الحب السنبل)

Kiko

AIR MAIL

1974년 3월 서울대 강의를 시작했을 때 강의를 위한 기자재는 칠판과 분필뿐이었다. 당시 미국에서 강의할 때는 OHP(over head projector)를 사용했는데 서울대에 와 보니 아직 사용할 수 없었다. 1975년부터 서울대에 최고경영자 과정이 한국 최초로 시작되었고, 위에 나와 있는 사진은 그 강의에서 찍은 것이다. 1980년대부터 서울대에서도 OHP를 사용하기 시작했지만, 그것을 사용하기 위한 필름을 만들 수 있는 설비가 단과대학 별로 들어올 때까지 기다려야 했다. 1990년대부터는 빔 프로젝터가 들어오기 시작했고, 교수마다 PC 사용이 가능해지면서 PPT 파일도 만들 수가 있어서 지금은 거의 모든 강의에서 빔 프로젝터 사용이 가능하다.

2005년 윤석철 교수는 서울대를 정년 퇴임했고, 퇴임식장에서 32명 퇴임 교수를 대표해서 퇴임사를 했다. 10분 분량의 이 퇴임사는 대학출입기자들의 주목을 끌었고 그 이튿날 몇몇 일간지에서 기사화됐다.

2008년에 미국의 경제지 *Wall Street Journal*은 미국의 경영분야 석학 랭킹을 조사하여 발표했다. 이에 자극 받아서인지 한국의 《매일경제신문》에서 나오는 주간경제지 《매경이코노미》는 미국에서 사용한 평가기준을 적용하여 한국의 경영분야 석학 랭킹을 조사 발표했다. 이 발표에서 윤석철 교수가 랭킹 1위에 올랐다. 윤석철 교수는 나이 70세가 되도록 아직 TV에 얼굴을 내놓은 적이 없다. 이런 생활을 해온 그가 《매경이코노미》 조사에서 한국 1위에 오른 것은 아마 그가 10년 주기로 내놓는 저서 때문인 것 같다. 그가 학생들 강의용 교과서 책들과는 달리, 독창적 이론으로 내놓은 첫 저서는 1981년에 『경영학적 사고의 틀』이라는 이름으로 나왔다. 당시 삼일회계법인의 서태식 회장은 서평에서 이 책의 독창성을 평가했다. 그 후 윤석철 교수는 1991년 『프린시피아 메네지멘타』, 2001년 『경영학의 진리체계』를 냈고, 2011년 초 제4의

10년 즈기작, 『삶의 경도』가 출간되었다. 윤석철 교수는 저서뿐만 아니라 해외 학술지에 논문도 내고 있다. 그의 전공인 기술경영학 분야 저널 *IJTG* 2009년 Vol. 4 No. 4에 (단독 저자로) 논문이 실렸다.

윤석철 교수 서예, "벽오동 심은 뜻은" —
배경 설명

우리나라의 전통적 선비들은
'신언서판(身言書判)'이라 하여 사람됨을
판단하는 기준으로 몸가짐, 언어,
글(문장과 붓글씨) 이상 3가지를 중요시
했습니다. 당시에는 연필이나 볼펜
같은 필기용구가 없었고 또 오늘 같은
컴퓨터나 프린터도 없었지요. 그래서
선비들이 쓰는 모든 글은 자기 자신이
붓글씨로 써야 했습니다. 붓글씨는
제가 어렸을 때인 1950년대까지도 모든
초등학교와 중고등학교의 정규 교과과정
중에 매주 한 시간씩 있었습니다.
뿐만 아니라 '특별활동'이라 하여
학생들이 음악, 미술, 붓글씨 등 분야를
선택하여 전문가 선생님을 모시고
집중적 지도를 받았습니다. 제가 다닌
대전중학교에서는 여름방학 동안에도
(당시 교감이셨던) 서예가 '장봉환'
선생님께서 서예반 학생들을 불러 매일
서예를 특별지도하셨습니다. 이런 교육이
모두 무료였던 아름다운 시절이었지요.
그 덕분에 저는 대학 재학시절 국전
서예부문에 입선까지 했습니다.

저의 어머님은 동네에서 돼지를 잡는
집이 있으면 꼭 가서 돼지꼬리를
사 오셨고, 그것을 삶아서 저에게
먹였습니다. 아주 맛이 없었고
역겨웠지요. 그러나 돼지가 꼬리를
유려하게(?) 흔들어 대는 모습이 선비가
'유려하게' 붓을 흔드는 모습과 같다
하여 어린이 때 돼지꼬리를 먹으면
커서 붓글씨를 잘 쓴다는 믿음이 우리
사회에 민간문화로 있었을 정도지요.
이런 것이 미신일지 몰라도 그것을 믿고
자라면 그렇게 되는 데 도움이 되는 것
같습니다. 여기 제 작품 하나를 사진 떠서
싣습니다. 작자 미상의 한국 시조입니다.
아마 여류작가일 것 같습니다. 작품
속을 흐르는 정서가 그렇고, 역사적으로
한국 선대 여인들은 아무리 드높은 뜻을
가지고 노력해도 사회가 그것을 받아줄
준비가 되어 있지 않았기 때문입니다.
상상 속의 큰 새 '봉황'은 (아무 곳에나
앉지 않고 오직) 벽오동 나무에만 앉는
답니다. 그래서 그를 기리며 벽오동을
심었으나 그는 오지 않고, 조각달만 걸려
있음을 아쉬워하는 정서가 애절하지요.
이것이 인생의 길 그 자체인지도
모릅니다.

저는 작품에 낙관을 찍지 않습니다.
낙관은 서예를 '프로페셔널'로 하는
분들에게 양보하기 위해서입니다. 저의
'프로페셔널'은 어디까지나 학문이고
서예는 초등학교 이래 일생 동안 하고
있지만 계속 '아마추어'로 남기를 원하기
때문입니다.

벽오동심은뜻은봉황을보렸더니내심은뜻
이련가기다려도아니오오
믁싱한일편명월
반빈가지에걸렸어라

관악산에서 윤석철

●주

1   크림 전쟁(Crimean War, 1853. 10~1856. 2)은 크림 반도에서 러시아가 영국, 프랑스, 오스만 제국과 벌인 전쟁이다. 이 전쟁은 중동을 둘러싼 열강들의 분쟁에서 비롯된 것으로, 러시아가 투르크 제국 내 정교도 교도들에 대한 보호권을 주장한 것이 직접적인 요인이 되어 발생했다. 이와 더불어, 팔레스타인 성지에 대한 러시아 정교회와 로마 가톨릭의 권한을 둘러싸고 벌어진 러시아와 프랑스 사이에 벌어진 분쟁이 또 다른 주요 요인으로 작용했다.

2   〈디어 헌터〉(마이클 치미노 감독, 로버트 드니로 주연, 1978년)는 전쟁이라는 극한 상황에서 사람들이 인간성을 상실해가는 과정을 세밀하게 보여줌으로써 베트남 전쟁의 비극을 고발하고 있는 영화다. 러시안 룰렛 장면은 베트남에서 포로가 된 미국 병사들이 러시안 룰렛에 참여하도록 강요받아 총에 한 개의 실탄을 넣고 자신의 생명을 운에 맡긴 채 머리에 총을 겨누는 장면으로 이 영화의 주제를 가장 잘 드러낸 장면으로 꼽힌다. ("마이클 치미노 감독의 〈디어 헌터〉" 『씨네21』 2002년 4월 22일자 참고)

3   칼 포퍼(Karl Popper, 1902~1994)

4   일본의 마지막 바쿠후인 도쿠가와 바쿠후(1603~1867)의 창시자

5   사이클로이드 곡선
중력에만 의존하는 물체가 가장 짧은 시간에 두 점 사이를 마찰 없이 미끄러지며 지나가는 이상적인 궤도인 최단강하선을 찾는 문제는 17세기 후반 스위스의 수학자 야고프 베르누이가 상금을 걸고 내놓았다. 고트프리트 빌헬름 라이프니츠와 아이작 뉴턴, 그리고 다른 사람들과 함께 그와 그의 동생 요한 베르누이는 그 곡선이 사이클로이드(cycloid)임을 알아냈다. 사이클로이드 곡선은 원이 직선을 따라 구를 때 원주(圓周) 위의 한 점이 만드는 곡선이다.

6   트랜스포메이셔널 리더(Transformational Leader)
트랜스포메이셔널 리더는 무리의 사람들에게 긍정적인 변화를 창조해내는
리더를 가리킨다. 이들은 무리들이 서로 돌보고, 용기를 북돋아주도록
변화시키는 것에 초점을 맞추어, 그룹의 추종자들의 동기, 윤리의식,
수행성을 강화시킨다.

7   스펙
'상세한 명세서'를 뜻하는 영어 'specification'의 줄임말로 취업
준비생들의 전공 · 학력 · 연수경력 · 자격증 · 학점 · 토익 점수 등 개인
평가 항목을 모두 합친 신조어. 일종의 개인 이력 · 기록 명세란 뜻이다.

8   알렉산더대왕(Alexander the Great, BC 356~BC 323)
마케도니아의 왕(BC 336~323 재위) 알렉산드로스 3세의 별칭. 필리포스
2세의 아들로 페르시아 제국을 무너뜨리고 마케도니아 군사력을 인도까지
진출시켰으며 지역왕국들로 이루어진 헬레니즘 세계의 토대를 쌓았다.
13~16세에 아리스토텔레스에게 교육받고 그의 영향으로 철학과 의학,
과학적 탐구에 흥미를 갖게 되었다.

윤석철
문학에서 경영을 배우다

초판1쇄 발행	2010년 12월 25일
초판6쇄 발행	2022년 1월 20일

강연자	윤석철

기획	서울대학교 관악초청강연 운영위원회
운영위원	곽수근(위원장)
	최우정, 조영달, 정철영, 정근식, 여정성, 신희택,
	박영준, 김인규, 김인걸, 허남진, 이일하
기획간사	백미숙
진행	채석진

펴낸곳	서울대학교출판문화원
주소	08826 서울시 관악구 관악로 1
도서주문	02-889-4424, 02-880-7995
홈페이지	www.snupress.com
페이스북	@snupress1947
인스타그램	@snupress
이메일	snubook@snu.ac.kr
출판등록	제15-3호
ISBN	978-89-521-1154-8 04040
	978-89-521-1152-4 (세트)

ⓒ 윤석철·서울대학교기초교육원장, 2010
이 책은 저작권법에 의해서 보호를 받는 저작물이므로
무단 전재와 복제를 금합니다.